무배격

—— 쇼핑의 미래 ——

무배격

—— 쇼핑의 미래 ——

無
配
格

김영호 지음

세상에서 변하지 않는 것은 하나도 없다

 빨간코끼리

● 목차

1장
───────────
無(무): 無 × (場, 商, 人)
무인(無人) 스토어의 등장(세계 유통공룡들의 무인점포 전쟁)

2장

配(배): 세계는 지금 '딜리버리워(Delivery War)'

3장

格(격): 인간 중심의 커머스 - 품격커머스

쇼핑의 미래, ZEC

"클릭이나 터치 한 번으로 물건을 사는 '제로 에포트 커머스(Zero effort commerce)' 시대가 옵니다."

이 말은 내가 2015년 1월, 국내 경제 주간지인 〈이코노미조선〉과의 인터뷰에서 밝힌 내용이다. 내 말처럼 앞으로의 소비는 더욱더 '제로 에포트 커머스' 세상으로 진입하게 될 것이다.

세상의 변화를 가장 많이 알고자 매년 떠나는 선진국 선진도시 마 켓서베이 여행(market survey tour)도 벌써 30년이 넘어간다.

이 책은 지난 30여 년간 세계 주요 선진도시 마켓서베이(market survey)를 통해 알게 된 주요한 '쇼핑의 현재'에 관한 팩트를 정리하면 서 동시에 '쇼핑의 미래'를 예측하고자 저술했다.

아시다시피 미국과 중국을 중심으로 새로운 유통혁명이 앞다투어 진행되고 있다. 이 책은 지금까지 눈으로 직접 본 세계 선진국 유통의 흐름과 미래 소비 트렌드를 요약해서 쉽게 읽고, 쉽게 이해할 수 있도록 만든 서브스크립션 콘텐츠(subscription contents) 위주로 구성되었다. 이 책을 통해 아주 빠르게 진화하는 선진국 쇼핑 기술의 변화와 대비되는 대한민국을 포함한 기타 국가들의 상거래 방식을 비교하고, 혹 대한민국은 제자리에 머무르고 있지는 않는지 세밀하게 점검하는 계기를 가졌으면 한다.

아시다시피 중국 최대 전자상거래기업 알리바바가 실시한 '중국판 블랙프라이데이'인 광군제(光棍節, 독신자의 날) 매출이 매년 새로운 기록을 갱신하고 있다. 2017년 11월에 실시한 거래액은 또다시 최고를 기록했다. 3분 1초 만에 100억 위안(한화 약 1조 6,820억 원), 하루 동안 1,682억 위안(약 28조 2,900억 원) 거래가 달성된 것이다. 하루 매출이 한화로 약 28조라니 그것도 전년도 매출보다 39.3% 증가했다고 하니 더더욱 놀랄 일 아닌가!

그리고 우리가 '알리바바'보다 더 유심히 관찰해야 할 중국의 경쟁회사가 하나 더 있다. 바로 'JD.com(징둥닷컴)'이다. 징둥닷컴은 현재 매일 1천 개의 작은 상점을 새롭게 개점하고 있는 중국 최대 온라인 직판사업을 운영하는 회사다.

공시에 따르면, JD닷컴은 43개 중국 도시에 당일 배송을 위한 대규모 투자를 진행하고 있기 때문에, '알리바바'처럼 판매자와 구매자 간 거래를 위한 플랫폼을 제공하는 데 그치지 않고 자체 물류 체계까지 갖추고 있다. 그 이유로 인해 '알리바바'보다 좀 더 경쟁력이 커 보여 앞으로 차세대 중국을 대표하는 기업이라는 평이다.

참고로 JD닷컴의 대주주가 '텐센트'라는 점도 주목할 만하다. '텐센트'는 월 4억 명이 이용하는 인기 메시지 서비스인 '위챗'을 갖고 있기 때문에, 이들의 합체는 향후 중국 유통의 새로운 모습을 전개할 예정이며, 나아가 전 세계 커머스에 아주 큰 영향력을 행사할 존재로 자리매김을 하는 중이다.

아시다시피 세상은 그야말로 상전벽해(桑田碧海)의 변화를 맞이하고 있다.

정치, 경제, 문화, 교육 할 것 없이 커다란 변혁이 진행 중에 있다.

유통산업의 경우, 새로운 업태(業態)는 새롭게 탄생하고, 기존 업태는 계속 발전하고 진화해야 생존하는 세상이다. 소비자의 심리를 경쟁사보다 발 빠르게 파악하고 마케팅 전략을 세워야 생존하는 세상이다.

세상의 흐름의 핵심을 제대로 정확히 그리고 남들보다 먼저 알아야 하는 것이 모든 기업가의 숙명이다.

세상의 흐름을 제대로 알고 싶은 분들을 위해 30여 년 동안 남보다 세상을 먼저 보고, 세상 발전의 방향성을 먼저 인지하려고 노력한 '글로벌 라이프 스타일(Global Life Style)' 트렌드 탐험가로서 이 책을 저술했다.

전반적인 세상의 흐름 그리고 선진국 선진도시 소비자들의 변화된 주요 소비패턴 중에서 쇼핑의 미래를 여러 각도에서 미리 보고 연구해 온 결과, 변화의 핵심을 가장 압축된 3개의 단어로 알려 드리고자 한다.

원래 모든 사물의 원리는 간단한 단어 하나로 압축되는데, 이를 간파하는 것이 쉽지 않다.

無, 配, 格(무, 배, 격)

이것이 내가 주장하는 쇼핑의 미래 키워드다.

이 책의 본론에 주요한 내용을 서술했으니, 해당 업체들의 발 빠른 사례를 보고 운영하는 사업에 적용이 가능한지 점검하시기 바란다.

대한민국 통계청 발표에 따르면, 2015년부터 여성 인구가 남성보다 많은 여초(女超)시대가 열리게 되었다. 이미 고령사회로 진입하고 있고, 생산가능인구도 2016년 정점을 찍고 감소세로 돌아섰다.

2017년부터 경제활동인구가 줄어들기 시작했다. 앞으로 1~2년 이내에 엄청난 변화가 시장에서 진행될 것이고, 출산율 세계 최하위권이면서 동시에 OECD 국가 중 가장 빠른 고령화가 진행되는 대한민국 시장은 중대한 변화의 중심에 서게 될 것이다.

시장 상황은 예전보다 고정 고객을 확보하는 일이 힘들어지고, 기존 업태와 새로운 업태 간의 경쟁은 점점 더 치열해질 수밖에 없는 상황이다.

이러한 긴박한 환경에서 유통 전쟁의 승리는 트렌드를 가장 먼저 포착하고, 가장 잘 해석한 이에게 돌아가게 되는 것은 당연한 것이 아닌가.

자, 이제부터 세상 변화의 공통분모를 정리해 본다.

전 세계에서 진행되고 있는 공통된 변화의 물결 중에서 핵심 분모를 끄집어내면, 당연히 우리가 가야 할 방향과 해결 방안도 나올 것이다.

당신이 앞으로 행할 미래 소비의 모습이 서서히 눈에 보일 것이다.

🐘 모두가 원하는 '변화'(Everybody wants 'Change')

세상은 변화를 원한다

이 변하지 않는 진리는 내가 코흘리개 어릴 적부터 지금까지 이어진다. 앞으로 이 진리는 지구가 생존하는 한 계속될 것이다.

우리는 알고 있다.

이 '변화'를 선거 구호로 선택해서 대통령에 당선된 오바마 대통령!

그는 미합중국 역사상 처음으로 흑인으로서 40대 나이로 미합중국 대통령에 오른 초유의 대통령이다. 이 역사적 사건을 보더라도 세상 사람들은 기존의 고리타분한 현실에서 벗어나길 원한다는 사실을 알 수 있다.

대한민국도 예외는 아니다.

대통령 선거거나 국회의원 선거거나 이들이 외치는 공통된 선거 구호는 '변화'다. 예외는 절대로 없다. 물론 '변화'를 싫어하는 무리도 있다.

기존 기득권 세력들이다. 이들은 절대 자신들이 만들어 놓은 기존 프레임이 변화되는 것을 극도로 싫어한다. 당연히 보수 성향으로 기울 수밖에 없다. 하지만 달도 차면 기울듯이 세상은 계속 변하고, 또 변할 것이다.

🐘 제행무상(諸行無常)

불교 교리 중에 '제행무상'이라는 말이 있다. '제행무상'이란 우주 만물은 시시각각으로 변화하여 한 모양으로 머물러 있지 아니함을 의미한다. 다시 말해 현실 세계의 모든 것은 매 순간 생멸, 변화하기 때문에 항상불변(恒常不變)이란 것은 존재할 수 없다는 뜻이다.

우리가 알고 있는 '열흘 붉은 꽃은 없다'는 의미의 '화무십일홍(花無十日紅)'이라는 말과 일치한다. 아무리 무소불위의 권력을 가진 자도, 어마어마한 부를 쌓은 자도 오래가지 않음을 알지 못하고 자신이 잘난 줄 알고 기세등등하지만, 때가 되면 지는 꽃처럼 다 변화하게 되어 있다는 진리다. 그런데도 사람들은 항상 자신의 지위와 부가 영원할 것이라는 착각에 살아가고 있다.

그렇다면 세상 사람들이 그토록 원하는 '변화'의 본질은 어떻게 알수 있고, 무엇을 준비해야 할 것인가?

사람들은 이런 변화의 흐름, 즉, 세상의 흐름을 '트렌드'라고 칭한다. '트렌드'라는 단어는 70~80년대 '마케팅'이라는 단어만큼 흔하디흔한 단어가 되었고, 초등학교 학생들조차 사용하는 단어가 되었다. 그래서 이제는 어떤 단어에도 '트렌드'라는 단어가 붙는 것이 트렌드가된 세상이다. 예를 들어 부동산 트렌드, 패션 트렌드, 푸드 트렌드 등등. 20여 년 전만 해도 '트렌드'라는 단어 대신 '마케팅'이라는 단어가대세였는데 말이다.

유통 9단 김영호의 '유통 트렌드 빙산론'

우리는 북극 빙산에서 보이는 부분은 극히 일부분이라는 진리를 잘 알고 있다. 이처럼 내가 지난 30여 년간 선진국 선진도시에서 발견한 여러 가지 팩트들은 선진국 유통 트렌드의 극히 일부분이었다는 진리를 잘 알고 있다.

내가 선진도시에서 발견한 새로운 트렌드를 중심으로 지난 10여 년 동안 저술한 10여 권 내 책에 나오는 모든 내용들은 거대한 유통 분야 메가트렌드의 극히 일부분이었다는 점이다.

다시 한번 강조하지만, 당신이 선진국 오프라인 현장에서 마주친 변화의 팩트는 전체 진실의 지극히 일부분이라는 점이다. 이런 지극히 작은 변화들의 공통점 속에서 큰 트렌드의 방향과 크기를 예측할 수 있는 능력이 미래 경영의 핵심일 것이다.

그래서 당신이 지구 어느 현장에서 본 지극히 작은 그 팩트를 통해 전체 트렌드의 모양과 규모를 예측할 수 있는 능력을 스스로 키워야 한다는 점은 아무리 강조해도 지나침이 없다.

이 책 내용의 대부분은 내가 지난 30여 년간 선진도시들에서 공통적으로 발견했던 팩트들로 글로벌 메가트렌드의 일부분이라고 할 수 있다.

내가 30여 년이라는 '오랜 시간'과 수억 원의 '비싼 여행 경비'를 투자해서 알게 된 유통 메가트렌드의 핵심과 글로벌 소비자들의 미래 쇼핑 행동을 독자들이 알 수 있는 계기가 된다면 이 책의 사명을 제대로 했다고 생각된다.

국내외 유통 환경 변화와 트렌드

보이는 것과 보이지 않는 것(Visible VS Invisible)

2016년 3월 9일

이날은 참으로 역사적인 날인데, 혹시 무슨 날인지 알아챌 수 있는지 모르겠다. 바로 '이세돌'이라는 인류의 대표 바둑기사와 인공지능의 대표 '알파고'가 세기의 바둑 시합을 벌인 날이다.

전 세계에 생중계되어 이목을 집중시켰던 세기의 바둑 대결. 다섯 번의 대결을 했지만, 알파고가 최종 승리를 거둔 사건이다. 이 사건은 그냥 바둑 대결이 아니라 인간과 인공지능의 싸움이기에 더욱더 임팩트 있게 다가온 사건이다. 이 사건을 통해 앞으로 인공지능의 진화가 가져올 인류 미래와 소비의 미래에 미칠 강력한 영향력이 점점 두려워지기도 한다. 아시다시피 최근 우리 주변에서 흔하게 볼 수 있는 인공지능은 거실 안에 있지 않은가.

"○○야, 불 켜줘!", "○○야, ○○ 영화 틀어줘!" 등등. 세계의 거의 모든 일류 모바일 회사는 소리에 반응하는 인공지능 스피커 출시를 완료한 상태다. 주인의 목소리에 반응하는 스피커를 보면서 앞으로 3~5년 후에 전개될 소비의 미래가 상당히 궁금해지는 세상이다.

앞전에 '김영호의 유통 트렌드 빙산론'에서 언급했듯이 이젠 보이는 것만 존재한다고 할 수 없는 세상이 되었다.

보이지는 않지만 존재하는 세상, 불교의 이론으로 이야기하면 '색즉시공, 공즉시색(色卽是空 空卽是色)'의 세상이 펼쳐지고 있는 셈이다. 우리가 보인다는 사물과 보이지 않는 것은 둘이 아닌 세상!

이처럼 우리 일상생활에는 최근 인공지능과 로봇 기술의 진화로 촉발된 4차 산업혁명 속으로 깊숙이 들어가고 있는 중이다. 당연히 글로벌 유통 시장도 큰 변화를 맞이하고 있고, 인공지능(AI)과 사물인터넷(IoT), 음성인식을 기반으로 한 콘텍스트(context) 쇼핑 등 소비의 미래를 좌우할 새로운 기술들이 속속 새로운 트렌드로 떠오르고 있다.

일례로 '아마존'이 진행하는 무인스토어 개념이 기존 스토어와 병존할 가능성을 이야기하고 싶다. '아마존'이 새롭게 진행 중인 '아마존고(Amazon Go)'는 '저스트 그랩 앤 고(Just Grab and Go)'를 판매 슬로건으로 진행하고 있다.

소비자는 그냥 매장에 들어와 자신이 구매하고 싶은 아이템을 장바구니에 담아 집으로 가져가면 되는, 그야말로 쇼핑의 노고가 거의 들지 않는 '제로 에포트 커머스(zero effort commerce)' 시대가 온 것이다.

그렇지만 세상은 어느 한 산업군으로 분류하기 힘든 융합형 산업과 사업들이 나타나기 시작하면서 상당히 복잡한 산업계를 형성하게 되었고, 동시에 기업은 빠른 의사 결정과 신속한 결과물을 원하는 소비자로 인해 스피드 있는 경영전략 수립과 집행이 꼭 필요한 세상이기도 하다.

🐘 부의 양극화와 공존(polarization&coexistence)

아시다시피 전 세계 부의 양극화는 해가 갈수록 더 커지고 있다. 국제구호개발기구 '옥스팜'에 의하면 2017년, 전 세계 빈부 양극화가 극단적으로 심화되어 전 세계의 부 중 82%를 상위 1%가 가져갔다고 밝혔다. 그리고 2017년, 전 세계 상위소득 42명의 재산이 하위소득 37억 명의 재산과 맞먹는다고 '옥스팜'은 밝혔다.

전 세계의 부가 최상위 소득자에게로 점점 가속화되고 있다. 또한 옥스팜에 의하면 향후 20년 이내 전 세계 상위소득자 500명이 2조

4,000억 달러(한화 2,574조 원)를 상속할 것으로 전망했다.

　이런 부의 양극화 현상은 대한민국이라고 예외는 아니다.

　행정안전부 2016년 자료에 의하면 전체 가구 중 무주택 가구가 절반 가까이에 이르지만, 상위 1%는 주택을 평균 7채 가까이 보유한 것으로 나타났다. 미국과 마찬가지로 대한민국의 부동산의 양극화는 점점 더 심화되고 있다.

1%의 파워(The Power of 1%)

　상위 1% 고객 파워가 가장 강한 산업군이 바로 '유통업계'이다.

　대한민국 '롯데백화점'에 따르면 2016년 매출 중 상위 1%에 속하는 소비자의 구매액이 전체 백화점 매출에서 차지하는 비중이 22.8%로 집계됐다. 이는 1년 전인 2015년의 21.9%보다 0.9 %포인트(P) 정도 높아진 것인데, 이 비중이 해마다 늘어나고 있는 중이다.

　또한 상위 고객 20%의 매출 비중이 76.1%를 차지했다고 한다. 그야말로 마케팅 2:8 법칙에 정확히 맞아떨어진다.

　그렇다면 한국의 다른 경쟁사인 '현대백화점'은 어떤가.

　'현대백화점'에 따르면 상위 1% 고객의 매출 비중이 롯데백화점

(22.8%)과 비슷한 23.1% 수준이라고 했다.

당연히 각 백화점들은 1%의 고객들에게 더 많은 혜택을 주기 위해 VIP 관리 제도를 보강하고 있다. 최고급 호텔에서 제공하는 '컨시어지 서비스(concierge service)'를 비롯해서 새로운 맞춤형 서비스를 계속 개발 중이다.

대한민국은 외환위기 20년이 지난 지금에 와서는 산업 간 양극화와 정치의 양극화로 몸살을 앓고 있다.

친기업 경제정책을 채택한 지난 정권에 의해 수익을 많이 내게 된 대기업들이 돈을 벌어 곳간에 차곡차곡 쌓아놓고, 중소기업이나 시장에 자금을 풀지 않아서 더욱 심각해졌다는 평이다. 또한 정치는 '보수' 와 '진보'로 나뉘어 정치권의 갈등은 사사건건 부딪치며 민생안정을 해치고 있는 중이다.

하지만 이런 모든 분야에서의 양극화를 겪으면서도 우리는 함께 공생해야 되는 숙명을 안고 있다. 어느 한쪽을 버릴 수도 없다. 보듬으면서 함께 공생공영을 위해 나아가야 한다.

그렇다면 이런 세계적인 양극화 현상에서 대기업이나 기득권 세력은 무엇을 어떻게 해야 할까?

나눠 줄 것이 있는 대기업이나 '갑'의 위치에 있는 자들의 공생의식에 의존하기에는 현실이 녹록지 않아 보인다.

미 제너레이션(Me Generation)과 밀레니얼 세대(Millennials Generation)

'미 제너레이션'

이 단어는 아마 당신이 귀에 못이 박히도록 들었던 단어일 것이다.

'우리가 남이가?'라고 생각하는 기성세대에 반하여 자기중심적 사고를 가진 세대를 표현하는 말이다. 자기주장이 강하고 자기 자신 또는 관련 집단의 이익 외에는 무관심하고, 자신의 욕구 충족만을 바라는 세대를 가리키는 말이다. 주로 7080세대에서 가장 많이 사용한다.

대부분 부정적인 의미를 담아서 사용하는 기성세대가 많다고 생각되는데, 최근에는 밀레니얼 세대(Millennials, Millennials generation)라 불리는 새로운 세대의 등장으로 '미 제너레이션'의 의미가 더욱 부각되고 있는 중이다.

밀레니얼 세대는 1982~2000년 사이에 태어난 신세대를 일컫는 말인데, 주로 베이비붐 세대의 자녀들이 여기에 속한다. 이들은 태어나면서부터 인터넷 등 첨단 IT 기기와 친숙한 삶을 살아왔고, 한 가정에 한 명 혹은 두 명의 자녀로 이뤄진 가족관계 속에서 자란 탓에 상당히 개인적이며 소셜 네트워킹 서비스(SNS)에 익숙하다는 평가를 받는다.

이들의 소비 형태가 기존 베이비부머들과 상당히 다르기 때문에 유의해서 이해해야 한다. 이들은 오프라인과 온라인 양쪽 채널을 쉽게 오가는 크로스 쇼핑을 하기 때문에 모든 유통기업은 미리 옴니채널(Omni Channel)을 구축해 놓아야 하는 부담감도 가지고 있다. 또한 유통업체는 24시간 쇼핑 체제를 구축해 놓아 오프라인 매장에서 품절된 제품을 집에서 배송받거나 온라인으로 주문한 제품을 오프라인 매장에서 받아볼 수 있는 서비스를 제공해야만 생존할 수 있는 세상이 되었다.

다음은 2018년에 출간된 『마이크로 트렌드X』라는 책에서 미국 밀레니얼 세대를 표현한 부분이다.

대량생산과 대량소비로 대표되는 '포드 시스템과 포드 경제'에서 맞춤형 생산과 맞춤형 소비에 익숙한 밀레니얼 세대는 '스타벅스 시스템'과 '스타벅스 경제'를 선택했다. 그래서 우리에게는 흑색만 있던 자동차 색상으로부터 내가 좋아하는 맞춤형 온갖 색상이 채식된 자동차를 구매할 수 있게 된다.

〈출처: 마크 펜 저, 마이크로 트렌드X〉

사실 밀레니얼 세대를 주시해야 하는 이유는 다른 곳에 있다. 최근 미국에서 일어난 고등학교 내 총기 사망 사건으로 인해 총기 규제에 대한 방법론을 대규모 집회를 통해 정부를 압박하기 시작한 것도 바로 미국의 밀레니얼 세대다. 이들은 기성세대가 감히 행동으로 옮기지 못하고 주저하는 무기력한 지성인의 모습과는 확연히 차이가 있다. 이들은 새롭게 입법해야 할 내용과 새로운 삶의 환경을 똑똑하게 정부에 요구하고 있다. 개인주의와 보신주의가 대표적일 것이라고 치부하는 기성세대에 경종을 울리는 행동과 철학을 지닌 밀레니얼 세대!

이들은 더불어 협력적 소비 등 공유경제에 지대한 관심이 많아 자기중심의 '미 제너레이션(me generation)'에서 공동체 중심의 '위 제너레이션(we generation)'으로 진행되고 있는 중이다.

이런 태도도 상당히 쉽게 이해하고 받아들이고 있다. 물론 이러한 협력적 소비는 초기 단계지만 세계 곳곳에서 일어나는 거대한 트렌드이기에 이들은 쉽게 동참하고 있다. 내가 볼 때, 앞으로 '위 제너레이션'에 집중해야 할 시기가 올 것이라 본다.

※ 옴니채널

소비자가 온라인, 오프라인, 모바일 등 다양한 경로를 넘나들며 상품을 검색하고 구매할 수 있도록 한 서비스. 각 유통 채널의 특성을 결합해 어떤 채널에서든 같은 매장을 이용하는 것처럼 느낄 수 있도록 한 쇼핑 환경을 말한다. 백화점 온라인몰에서 구입한 상품을 백화점 오프라인 매장에서 찾는 '스마트픽'이 옴니채널의 대표적인 방식이다.

<출처: '네이버 지식백과' 옴니채널(omni-channel)(한경 경제용어사전, 한국경제신문/한경닷컴)>

🐘 1인 가구(single-person household)가 대세인 인구의 변화

전 세계적으로 1인 가구의 증가는 눈에 띄게 늘고 있다.

전 세계에서 1인 가구의 증가율이 가장 높은 나라는 스웨덴, 핀란드 등 북부유럽 국가들로서, 사회보장제도의 발달과 비례하고 있다고 보인다. 이들 국가들은 연간 40%의 증가율을 보이고 있고, 대한민국도 이런 증가율 수치에 버금가고 있는 중이다.

대한민국 1인 가구수는 1990년 102만에서 2010년 약 414만 가구로, 2015년 520만 가구로 크게 증가했다. 통계청의 장래인구 전망에 의하면 2035년에는 1인 가구가 총가구의 34.3%의 비중이 될 것이라 하니 1인 가구 전성시대임이 틀림없다.

영국에 본사를 둔 글로벌 시장조사 업체인 '유로모니터'는 29개 산업군에서 각 기업에게 전략적 데이터와 분석, 소비자 트렌드를 제시하고 있는데, 이 업체에 따르면 2020년 1인 가구가 가장 많은 나라는 3,600만 명의 솔로가 활동할 예정인 미국이라 한다. 그다음으로 싱글족이 많은 국가는 중국과 일본으로, 2020년이면 이 세 나라의 1인 가구 비율이 전 세계 1인 가구의 26%를 차지하게 된다고 한다.

1인 가구의 등장은 기존 '의식주' 라이프 스타일에 일대 변혁을 가져오고 있다. 당연히 쇼핑의 미래를 주제로 하는 이 책의 내용도 1인 가구의 소비 패턴을 예의 주시할 수밖에 없다.

한 예로 푸드 분야에서 기존에 없던 시장이 엄청난 큰 시장으로 변하고 있는 것을 알 수 있게 되는데, 그 새로운 영역이 바로 '가정간편식'이다.

역시 '유로모니터'에 따르면 전 세계 2021년 가정간편식 시장 규모는 385억 4,680만 달러(한화 43조 876억 1,304만 원)로 2016년보다 27.5% 증가할 것으로 예상했다.

이처럼 1인 가구의 빠른 증가는 엄청나게 큰 사회적 변화이면서 지구상에 이처럼 많이 1인 가구가 존재한 적은 없었기 때문에 새로운 사업을 구상하는 사업가에게는 아주 좋은 기회라 생각된다.

이들을 위한 '의식주', '라이프 스타일'의 새로운 제안이 바로 새로운 비즈니스의 탄생이고 새로운 일자리의 창출인 것이다. 솔로로 사는 이들을 위한 상품과 서비스의 탄생은 앞으로 지속적으로 창출될 것이다.

단, 아무리 솔로족의 숫자가 늘어난다 해도 1인 가구 소득의 양극화가 심해지면 전체 소비 증가의 발목을 잡을 수 있다는 명제를 잊어서는 안 된다.

대한민국의 경우, 1인 가구들의 소비 행동을 분석한 국가공인기관인 대한상의 2013년 10월에 발표한 결과를 보면 이들의 소비 행태가 기존 다인 가구와 상당히 다름을 알 수 있다.

1인 가구가 향후 적극적으로 지출을 늘리고자 하는 항목으로 '여행'(41.6%), '자기계발'(36.0%), '레저 여가'(32.8%), '건강'(32.0%), '취미'(26.0%)순으로 조사됐다. 당연히 여행업계와 출판계는 1인 가구를 위한 특별한 상품을 개발해야 할 것으로 보인다.

또한 1인 가구는 간편하고 편리하게 한 번에 해결하려는 원스톱(One-stop) 소비경향이 강한 것으로 드러났는데, '신선식품'(39.1%), '간편식'(38.5%), '가공식품'(21.8%)순으로 3~4인 가구에 비해 간편식은 3배, 가공식품은 2배나 더 높은 이용률을 보였다. 편의점의 '도시락'이 가장 잘 팔리는 아이템으로 등극한 것은 순전히 1인 가구의 덕분이라는 사실을 그대로 반영하고 있다.

1인 가구로 살아간다는 것은 금전적으로 어려움을 많이 겪게 된다. 기본적인 경제생활을 위한 경제활동으로 인해 쇼핑을 위한 오프라인 매장 방문은 쉽지 않다. 당연히 온라인 혹은 모바일을 통한 최저가격 아이템을 찾게 된다.

가격 메리트와 택배 서비스의 편리함이 1인 가구 쇼핑의 주요 요소가 된 지 오래다.

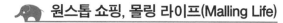

원스톱 쇼핑, 몰링 라이프(Malling Life)

이제부터 '쇼핑'하러 간다는 말 대신 '몰링(Malling)'하러 간다는 말이 더 보편적인 말이 될 것이다. 세상은 자꾸만 변해간다. 유통은 세상의 변화를 가장 먼저 눈으로 보여 주는 첨병이다. 그렇다, 이제부터 '복합쇼핑몰'이 대세인 세상이다.

아마 대부분의 소비자들은 일본 도쿄의 '비너스포트', 홍콩의 '하버시티' 등을 다녀온 경험이 있을 것이다. 이들 쇼핑몰의 공통점은 복합쇼핑몰 형태로 만들어진 쇼핑몰이다.

물론 복합쇼핑몰의 원조는 미국이다. 미국 대도시에는 천여 개가 넘는 수많은 복합쇼핑몰들이 나름대로의 콘셉트로 고객을 맞이하고 있다. 우리나라의 경우, 서울에 있는 '타임스퀘어', '코엑스몰' 그리고 최근에 '스타필드' 등이 있는데, 한국의 복합쇼핑몰 시대는 걸음마 단계라 할 수 있다.

내가 왜 이런 말을 하냐 하면, 대한민국의 복합쇼핑몰의 숫자와 형태는 아직 초보 단계이기 때문이다. 앞으로 발전할 복합쇼핑몰의 방향성을 알기 위해 나는 미국 및 선진국 수백 개의 복합쇼핑몰 시장조사를 계속하고 있다.

특히 2007년에는 거의 한 달간 미국 LA에 있는 복합쇼핑몰을 집중적으로 시장조사 했던 경험이 있다. 이 당시 조사한 내용을 경제주간지 칼럼으로 알린 '미국 복합쇼핑몰의 8가지 특징'을 여러분도 본 경험이 있을 것인데, 그 당시 대한민국에서는 가장 선도적인 자료를 공유했던 기억이 있다.

당시 조사한 복합쇼핑몰을 비롯해서 20여 년 동안 선진도시의 유명 복합쇼핑몰을 계속 방문하여 내가 관심을 둔 코너 혹은 서비스에 어떤 변화가 있는지, 추가로 변동된 사항들을 점검하고, 소비자 구매 변화의 트렌드를 이십 년이 넘도록 지속적으로 정리하고 있는데, 이런 능력이 나의 가장 강력한 경쟁력이다. 이 변화의 흐름을 추적하다 보면 앞으로 바뀔 대한민국 및 전 세계 몰링 문화를 미리 알 수 있게 된다.

몰링 문화의 종착지는 어디인가?

2000년대 초부터 미국과 일본에서는 복합단지 개발이 주류를 이루었다.

대표적인 복합적인 몰링센터로는 미국 LA에 있는 '더 그로브(The Grove)'가 있다. 대한민국으로 치면 전통시장이라 할 수 있는 '파머스 마켓(Farmers Market)'을 테넌트로 유치하여 활발하게 운영 중인 복합쇼핑몰이다.

총 5만 3,000㎡ 규모의 야외 쇼핑몰을 비롯해 백화점, 레스토랑, 브랜드숍, 대형서점, 영화관 등 50여 동(棟)의 건물이 초대형 상권으로 이뤄졌다. 중앙에는 멋진 분수대가 있어서 야간에 분수쇼가 진행되고, 초대형 트리 점등 행사와 노천카페가 무리를 이루고 있어서 시간 보내기 정말 좋은 곳이다. 여기에 레일을 이용해서 움직이는 '트롤리'라는 전차를 운행해서 누구나 무료로 이용할 수 있게 만든, 동화 속에 나오는 마을 같은 복합쇼핑몰이다. 비슷한 느낌의 쇼핑몰로는 일본 도쿄의 '롯폰기힐스'가 있고, 중국에는 상해(上海)의 '신천지(新天地, 시티엔티)'가 있다.

그렇다면 이처럼 복합쇼핑몰 세상 다음으로 전개될 세상은 무엇일까?

결론을 말한다면,
'복합몰링센터'라는 개념의 주거복합형 센터가 대세로 나타날 확률이 높아 보인다.
각 도시의 시내 혹은 부도심에 새로 생기는 복합쇼핑몰이 기존 골목상권을 재편하게끔 만들 것이다. 또한 새롭게 형성하는 신도시에 생기는 상권에는 단지 안에서 모든 것을 해결할 수 있도록 설계할 것이다.
주거와 쇼핑 그리고 문화시설이 한데 어우러지는 복합몰링센터를 처음부터 기획하게 될 것이다. 즉, 지하층부터 2~3층까지는 복합쇼핑몰로 설계하고, 그 위에는 호텔과 오피스텔 그리고 아파트가 몇 개 동으로 구성되도록 설계하는 방식이다.

지금까지의 부동산 개발업체의 개발 계획에는 유통마케팅 개념과 문화예술 개념이 함께 포함되지 않은 면이 많았기 때문에 앞으로 짓는 종합적인 신도시 도시개발계획에는 이런 개념들을 맨 처음 개발 청사진에 반드시 넣어야 하고, 이런 개념들이 맞물려 돌아갈 것이다.

이렇게 되면 아무리 대형 유통업체에 대한 정부의 규제가 강력해져도 편익을 추구하는 도시 소비자들의 원츠(wants)를 막기에는 역부족일 듯싶다.

🐘 옴니채널과 슬로 라이프

내가 20년째 운영 중인 유통 트렌드 전문 컨설팅 기관인 '김앤커머스'에서는 2015년에 대한민국 유통 트렌드를 몇 년간 'BRAVO SLOW LIFE'로 내다봤다.

B(Bright customer, 똑똑해지는 소비자), R(Rare effort commerce, 별 노력 없이도 가능한 커머스 발달), A(Active mobile payment, 왕성한 모바일 결제), V(Value concentrated sharing retail, 가치에 집중된 공유 리테일), O(Omni-channel, 점점 활발해지는 옴니채널), SLOW LIFE(슬로 라이프를 즐기는 소비자층 증가)를 말한다.

불황과 경쟁에 지친 도시 소비자들을 중심으로 슬로 라이프를 즐기기 위한 소비가 앞으로 주도하는 세상이 될 것이다. 소비자들은 새로운 디지털 기술을 최대한 이용한 똑똑한 소비 주체가 되면서, 온라인과 오프라인의 경계 없이 자유롭게 넘나들 것이다.

3년 전에 내다본 미래의 유통 트렌드는 지금도 거의 유사하게 진행 중이며, 앞으로도 지속될 것이라고 예측된다. 소비자는 주머니에 현금도, 카드도 없이 단지 스마트폰 하나만 가지고 다니면서 쇼핑을 하게 될 것이다.

최근 미국, 유럽, 호주, 중국의 동네 슈퍼마켓이나 편의점은 점차 무인판매대를 늘려가고 있다. 점차 소비자들이 매장에서 계산을 위해 대기하는 모습을 볼 수 없을지도 모른다. 최근엔 매장 내의 계산대를 계산원과 셀프로 절반씩 절충한 매장이 점점 늘어가고 있는 추세다.

특히 글로벌 불황이 전 세계적으로 확산된 이후 미국, 유럽, 호주 등 선진 각국의 유통업체에서 무인판매 방식이 빠르게 늘고 있다. 유통업체 입장에서는 인건비를 절감해서 좋고 소비자는 계산대 앞에서 장시간 기다리지 않아 서로 좋은 시스템이다.

무인판매대와 함께 스마트폰을 이용한 지불 시스템도 빠르게 확산되고 있다. 중국의 경우, 미국보다 빠르게 무인점포(편의점 및 할인점)를 선보이고 있고, 현금 없는 세상을 향해 무한 질주를 시작했다. 특히, 중국의 20대 여성층의 소비 주도 행태를 주목해야 한다. 중국

90년대생을 말하는 '주링허우'가 중국 소비를 이끌어 가는 추진체 역할로서 한몫을 톡톡히 하고 있는 중이다. 이들은 금융위기와는 상관없이 왕성한 소비 의욕을 보인다는 점이다.

또 한 가지 준비해야 할 것이 바로 '슬로 라이프'에 대비해야 한다는 것이다. 세상이 빠르게 변할수록 느림에 대한 가치는 더 빛을 발하게 된다. '잠깐 멈추면 보이기 시작하는 주변을 놓치지 않고 사는 삶'을 '슬로 라이프'라고 정의하고 싶다.

걷기 운동이 유행하고 있는 것도 같은 맥락인데, 국내 지방 도시들은 걷기를 통해 자연을 느끼고 싶어 하는 도시인들을 위해 슬로 시티를 표방하고 나서고 있다. 슬로 시티라는 개념은 1999년 이탈리아의 작은 산골 마을에서 시작됐다. 그 지역 고유의 자연환경과 음식, 문화를 지키면서 지속 가능한 발전을 추구하는 것을 말한다. 쉽고 편한 것을 쫓는 현대 문명을 거슬러 느림을 추구하는 슬로 시티는 지역 도시들의 경쟁력을 키워 줄 것이다.

여기에 가까이 다가온 '사물 인터넷' 시대가 대세가 되었다. 미래에는 매장을 지나가면서 마음에 드는 상품을 발견하면 스마트폰으로 사진을 찍고 이것을 모바일웹 구매 예정 목록에 저장하면 미리 지정된 주소로 배송될 것임이 틀림없다. 이것이 미래 소비자의 쇼핑 모습일 것이다.

사물 인터넷이 발달할수록 유통 시장은 상상 이상으로 변하게 될 것이다. 수많은 제품을 오프라인 매장이나 온라인 쇼핑몰에 진열하는 방식은 앞으로의 시대 흐름과는 맞지 않는다.

한 번의 클릭이나 터치로 쇼핑이 끝나는 '제로 에포트 커머스(Zero effort commerce)' 시대가 다가오고 있다.

소비자가 원하는 제품을 즉시 살 수 있도록 도와주는 서비스가 인기를 끌게 될 것임이 틀림없다. 이제부터 고정 고객을 위한 맞춤형 쇼핑 도우미 서비스 경쟁도 아주 치열해질 전망이다.

1장

무(無):
無 × (場, 商, 人)

무인(無人) 스토어의 등장
(세계 유통공룡들의 무인점포 전쟁)

전 세계의 유통 소비시장은 '무인(無人) 스토어, 무재고(無在庫), 무매장(無賣場), 줄 서기 없는 매장'을 향해 달려가고 있는 중이다.

무인스토어의 대표 주자인 '아마존고'를 시작으로 기존 유통 경영의 3요소라 할 수 있는 '매장'의 개념, '상품 재고'의 개념, '판매원'의 개념이 점점 사라지고 있다.

과연 이래도 될까 하는 의심이 되면서도 새로운 세상에 관한 염려가 사실로 굳혀져 가고 있다. 현재 우리가 알고 있던 오프라인의 글로벌 거대 유통기업들의 생존 자체가 위태해지고 있다.

인류 역사상 가장 빠르게 도입되고 있는 빅데이터, 사물인터넷, AI, 블록체인, 전자태그, 가상현실 등 정보통신기술(ICT)이 집약된 결과물들을 가장 먼저 그리고 가장 효율적으로 운영할 수 있는 기업만이 생존 및 번영할 수 있는 새로운 유통 소비시장이 본격적으로 열리고 있다.

1. 매장을 없애라

🐘 미래 매장에서 없어지는 여러 가지 쇼핑의 요소들

선진 유통국가의 선진 유통기업들은 미래 쇼핑 매장을 위한 새로운 매장을 선보이고 있는 중이다. 이 중에서 가장 앞서가는 매장의 사례를 보면서 미래 매장에서 전개될 쇼핑의 형태를 예측해 보자.

① '아마존고'

미국 아마존고의 탄생과 함께 시작된 무인스토어, 무인판매 시스템의 등장이 가장 지속적인 유통 트렌드의 화두다. 세계 최고 유통기업이라 할 수 있는 미국의 '아마존'이 2016년 12월에 선보인 무인스토어 '아마존고'.

매장 크기는 약 170㎡(51평) 정도의 작은 매장인데, 현재 이곳은 컴퓨터 센서와 딥러닝 기술이 결합된 첨단 스토어로서, 계산대 없는 스토어, 판매사원 없는 스토어를 지향하는 공산품 위주의 테스트 스토어다.

현재는 아마존 직원들이 직접 사용하면서 문제점을 찾아내고 대안을 만들어 가는 중인데, 이들의 캐치프레이즈는 '저스트 그랩 앤 고

(Just Grab and Go)'이다. 그냥 사고 싶은 물건을 집어서 집으로 가라는 것이다. 구매 후의 번거로운 '결제 과정'과 계산대 앞에서의 '줄 서기'라는 귀찮은 시간을 줄이도록 설계된 미래형 스토어다.

매장 안에는 판매원이나 계산원은 없다. 대신 매장 천장에는 검은색 블랙박스 모양의 센서 약 100여 개가 바삐 움직인다. 이 블랙센서들은 감시 카메라가 아니라 쇼핑하는 소비자의 움직임을 추적하고 있는 중이다.

미래형 스토어인 '아마존고' 매장의 이용 방법은 아주 간단하다.

아마존 전용 애플리케이션을 설치한 쇼핑객 스마트폰을 매장 입구 단말기에 대고 들어가면 된다. 구매를 원하는 상품을 선택해서 장바구니에 담기만 하면 끝이다.

만약 선택했던 물건이 마음에 들지 않으면 그대로 제자리로 되돌려 놓으면 된다. 그런 후 바로 쇼핑을 마치고 주차해 놓은 주차장으로 가면 된다. 결제는 아마존 애플리케이션을 통해 벌써 완료된 상태가 된다.

결제를 위해 기다랗게 줄을 서지 않아도 된다. 지갑에서 현금이나 신용카드를 꺼내지 않아도 된다. 심지어 매장을 나올 때까지 쇼핑객의 스마트폰을 단 한 번도 꺼내지 않아도 된다. 그냥 구매하고자 하는 제품을 골라 그냥 들고 나오기만 하면 된다.

매장을 나온 뒤 약 5분 이내로 본인이 다운받았던 아마존고 앱에 계산서가 도착한다. 실제 쇼핑한 품목과 가격이 맞는지 확인하면 된다.

아마 이런 매장 설계는 다분히 소비자가 얼마만큼의 소비를 했는지 계산하거나 기억하지 못하도록 만든 고도의 수법이 숨어 있는지도 모른다.

하지만 매장에 더 이상 서서 기다릴 필요가 없는 '노라인(No Line)' 전략은 기다림을 잘 못 하는 소비자, 쇼핑 시 간섭을 받고 싶지 않는 소비자에게는 환영받을 일 아닌가!(아마 한국에서 가장 인기를 얻을 듯싶다.)

〈출처: Amazon.com, 'Just Walk Out'를 가장 강조한 영업 슬로건을 볼 수 있다.〉

사실 미래형 스토어에 관한 가상의 시나리오는 세계적인 경영 관련 전문 잡지인 〈하바드 비즈니스 리뷰(Harvard Business Review)〉

2011년 12월호에 실린 바 있다.

그 당시 HBR이 내다본 미래스토어에서 가장 중요한 3가지 경영 요소를 손꼽았었는데, 그 세 가지란 '특별한 경험, 여유, 편리함'이었다.

이 세 가지 미래 스토어 경영 요소를 한 가지라도 놓쳐선 안 된다고 주장했었던 내용이 지금 와서 보면 대단한 예측이란 생각이 든다.

'아마존고' 스토어에서 보여주는 놀라운 특별한 경험을 하게 될 미래 소비자들은 매장에서 급한 것 하나 없이 여유롭게 쇼핑을 즐길 것이고, 구매 후에 계산대에 서지 않아도 되고 바로 주차장으로 가면 되는 편리함을 체험하게 될 것이다. 지금도 전 세계 선진국 유통 현장에서는 소비자의 쇼핑에 방해되는 그 어떤 요소도 존재하지 못하도록 매장과 구매의 편리함을 위한 재설계가 착착 진행 중이다.

② 허마센셩(盒马鲜生)

이번에는 미래 커머스의 주도권을 쥐기 위해 혈안이 된 중국으로 가자.

중국 상하이에서 전개되고 있는 미래형 스토어 이야기다.

빠르게 변화하는 중국의 소매혁명이라 불리는 '신유통(新零售)'은 알리바바의 CEO, 마윈을 중심으로 전개되고 있다. 미국에 아마존을 운영하는 '제프 베조스'가 있다면 중국에는 알리바바를 운영하는 '마윈'이 있다. 어느 시대나 영웅을 중심으로 역사는 전개되는바, 전 세계 유통 트렌드의 새로운 역사를 이 두 거인이 두 나라를 대표하여 이끌어 가고 있는 중이다.

중국의 미래형 스토어는 경제 중심지인 '상하이'에서 주로 전개되고 있다. 아시다시피 상하이는 중국 경제를 이끌어 온 중국 최대의 상업 도시이며, 중국뿐 아니라 세계적 물류의 중심지이다. 세계 500대 기업이 진출해 있는 상하이는 금융과 경제 중심지이기도 한데, 이곳에서 전개되는 소매혁명의 현장은 미국의 소매혁명과 맞먹을 정도로 거대하고 신속하게 전개되고 있다.

중국하면 떠오르는 '만만디'의 이미지가 아니라 상전벽해의 거대한 변혁이 아주 빠르게 새로운 소매혁명으로 다가오고 있는 중이다.

미국에 '아마존고' 매장이 있다면, 중국의 미래형 매장에는 '허마셴성'이 있다. 이 매장은 2015년 설립하였지만, 매장의 IT화가 완성된 것은 2016년 3월부터이다. 마윈이 주창한 신유통(新零售)을 대표하는 미래형 매장의 모델이 된 것이다.

2018년 7월 현재, 12개 도시에 68개의 매장을 개점했고, 앞으로 2,000개까지 늘리겠다는 계획이다. 인해전술로 중국 산업의 부흥을 가져왔던 시절이 엊그제 같은데 중국은 4차 산업의 개척자로서의 면모를 갖춰 가고 있다.

중국 '신유통(新零售)'의 대명사 허마센셩

이곳 매장을 가면 기존 매장과 상당히 다른 부분을 많이 발견하게 된다. 우선 매장의 천정에는 장바구니가 걸려 있는 레일이 바쁘게 돌아가고 있는 점이 바로 눈에 띌 것이다. 직원들은 장바구니에 모바일 기기를 체크하며 다양한 식료품 등을 담고, 이를 천정에 걸려 있는 레일 위로 올려보낸다.

〈출처: shanghainavi.com, 스토어 천정에 레일을 설치하여 고객의 장바구니를 쉽게 물류창고로 이동하도록 설비한 매장이다.〉

이 매장에서의 결제는 정말 간단하다. 즉, 현금을 받지 않는다는 점

무배격

이다. 이곳에서의 결제는 무조건 '알리페이'로만 가능하다. 현장에서는 허마센셩 앱을 활용하여 알리페이 결제를 유도한다.

이처럼 모바일 결제를 유도하는 전략을 구사하는 이유는 간단하다. 소비자가 어떤 제품을 구매했고, 구매한 제품에 대한 만족도는 어떠한지 등등 소비와 관련된 모든 정보를 바로바로 체크하려는 것이다. 소비자의 구매 행태와 소비 관련 정보를 수집해서 향후 고객의 소비 패턴을 추적하고 분석, 전략 수립에 활용하고자 함이다.

③ 세븐프레시

'세븐프레시(7Fresh)'는 알리바바의 경쟁사인 '징둥'이 베이징에서 2018년 1월부터 운영하는 신선식품 전문마트. 총면적은 4,000㎡(1,210평)이고, 야채·과일·육류·주류·해산물·화훼류 등을 주로 취급한다.

특이한 점은 이 매장의 수입과일 코너에 있는 '스마트 미러(smart mirror)'라고 불리는 세계지도가 그려진 거대한 유리판이다. 이곳에 과일을 갖다 대면 해당 과일의 원산지, 당도, 사이즈 등의 정보를 보여주는 모니터 기능을 갖추었다.

또한 출동 방지, 매장 내비게이션 기능이 달린 '스마트 카트(smart cart)'를 도입하여 소비자가 카트를 끌고 다니지 않고 그냥 손목에 팔찌 하나만 차도록 매장을 설계했다. 이 스마트카트는 소비자가 손으로 끄는 것이 아니라 소비자 뒤를 졸졸 따라다니는 로봇이기 때문에 쇼핑에 상당한 재미를 더해 준다.

또한 고객이 식자재를 고르면 매장의 직원이 그 자리에서 손질해 요리까지 해 주는 서비스를 제공하는 것은 기본이다.

결제할 때도 역시 현금이나 신용카드가 필요 없다. 100% 모바일 결제로 이뤄지게 되니 줄 설 필요가 없어진다.

그야말로 중국에서 진행하는 신유통 혁명의 매장이라 해도 과언이 아니다. 소비자에게 구매 체험을 극대화하고 편리성을 최대한 높인 가장 최신형 무선점포다.

〈출처: 7fresh.com, 로봇 기능의 스마트 카트가 쇼핑객 뒤를 따라오면서 쇼핑의 어려움을 해결해 준다.〉

무배격

④ 빙고박스(Bingo Box, 缤果盒子)

중국에서 세계 최초로 진행하는 무인편의점 비즈니스다.

'빙고박스'라 명한 무인편의점은 중국 상하이에서 마켓테스트 중인데, 중국의 유통발전 속도가 다른 나라에 비해 훨씬 빠른 것 같아 미래 유통의 주인 자리를 놓고 선진 유통국가와 한판 싸움이 기대된다.

빙고박스(Bingo Box, 缤果盒子)는 인공지능과 인터넷 혁신을 통한 비용 절감을 목표로 새롭게 시도되는 형태의 편의점으로, 프랑스 유통기업인 '오샹(Auchan, 欧尚)'과 협력하여 진행하고 있다.

쇼핑 방법은 당연히 아주 간단하다.

스마트폰 하나로 모든 것을 해결할 수 있도록 설계되었다. 가장 먼저 중국판 카카오톡인 '위챗'으로 QR코드를 스캔하여 모바일 인증을 받고 문 앞 입구에 있는 QR코드를 대면 문이 열린다. 편의점 안에 들어가 사고 싶은 제품을 골라서 계산대 위에 올려놓으면 되는데, 최대 5개 품목만 인식되기 때문에 5개씩 RFID 리더기 위 계산대에 올리면 된다.

결제는 '위챗페이' 혹은 '알리페이'를 이용한다. 제품 구매가 완료되면 자동으로 문이 열리게 되는 시스템이다.

지금은 테스트 기간이기 때문에 여러 가지가 불편해 보이지만, 세계 최초로 판매직원이 없는 편의점을 시도했다는 점에서 중국 유통의 진일보한 쾌거에 박수를 보내고 싶다.

⑤ 타오카페

중국 신유통의 대부인 '마윈'이 전개하는 무인마트 브랜드다.

자신이 운영하는 '타오바오' 쇼핑몰에서 브랜드를 따와서 만든 것인데, 총 200㎡ 면적의 오프라인 매장으로서 매장 내 최대 50인까지 수용이 가능하다고 하니 아직 테스트 마켓임에 틀림없어 보인다.

'마윈'의 고향인 중국 항저우에서 처음 선을 보인 무인 마트인 '타오카페'는 셀프감지센서, 기계 학습, 위치 추적, 이미지·음성인식 등 IoT 기술을 기반으로 한 무인할인점이라 보면 된다. 이 무인마트의 전개 방향도 무인편의점과 크게 다르지 않다. 그 이유는 미국 '아마존고'에서 일했던 연구원을 직접 스카우트하여 만들었기 때문에 큰 차이는 없어 보인다. 마트 입구에서 본인을 알리는 절차를 거치는데 비해 모바일 타오바오 앱을 열고 QR코드를 스캔한 뒤에 입장하는 방식이다. 이때, 모바일로 데이터 이용, 개인정보보호, 알리페이 결제 등에 관한 여러 종류의 약관에 동의하게 만드는 절차를 거치게 함으로써 고객데이터를 향후 자유롭게 사용할 수 있도록 사전조치를 취했다는 점이 기존 무인스토어와 다른 점이다.

결제 방법은 미국 '아마존고'와 다른 점이 있는데, 마트를 나가기 전두 개의 문을 통과하는 방식이 다르다. 첫 번째 문은 고객의 퇴장을 인식하는 절차이고, 다른 하나는 상품 스캔 후 자동결제를 하는 문이다. 두 개의 문을 통과해 매장을 나오면 바로 자신의 스마트폰에 알리페이로 결제된 금액 관련 정보가 뜨게 된다.

이처럼 중국에서 전개되고 있는 유통혁명은 '무인(無人)'에 집중되고 있다. 중국에서는 유통매장 사례 이외에도 여러 가지 사례가 진행되고 있는데 한번 살펴보도록 하자.

#1. 2018년 1월, 베이징에 24시간 무인서점(無人書店)이 문을 열었다. 일반 서점과 다른 점은 매장에 직원이 없다는 점과 계산은 AI 로봇이 화면에 제시하는 QR코드를 휴대폰 결제앱으로 스캔하면 된다는 점이다.

#2. 중국 최대 전자상거래 업체인 알리바바도 무인서점 사업에 뛰어들었다. 중국 상하이에 개점한 이 무인서점은 AI와 모바일 결제를 융합한 지불 시스템을 구현했다.

#3. 중국에서는 이젠 자동차도 무인점포에서 판매하고 있다. 2018년 3월, 중국 광저우에는 세계 최초로 자동차 무인판매기가 나타났다. 중국 최대의 전자상거래 기업 '알리바바'와 미국 자동차 메이커 '포드'가 함께 만든 이 무인판매기는 거대한 건물 5층 높이의 타워형 주차

장을 연상시키는 형태이다. 내부에 들어갈 수 있는 차량 수는 약 40여 대로서 층당 6대의 자동차가 있다. 이용 방법은 알리바바 거래 고객 중 신용도가 높은 소비자에 한해 전자상거래앱을 다운로드받고 안면인식을 거쳐 자동판매기를 통해 원하는 모델의 신차를 시운전하고 구매 가능하도록 만들었다.

#4. 항저우에는 2018년 1월, 무인레스토랑이 탄생했다. 소비자는 식탁에 부착된 QR코드를 휴대폰으로 스캔한 뒤 나타나는 전자 메뉴판에 주문과 선결제를 하면 된다. 유일하게 사람이 있는 주방에서 요리가 만들어진 뒤, 요리사가 조리된 음식을 자율배식창구에 넣고, 소비자의 휴대폰으로 배식구 번호와 비밀번호를 담은 문자 메시지를 보낸다. 소비자는 배식창구에 가서 비밀번호를 입력한 후, 창구문 안에 있는 음식을 꺼내 먹는 시스템이다.

판매원이 없는 스토어에서 쇼핑을 하는 소비자는 어떤 마음이 들까?

일장일단이 있겠지만, 우선 계산대에 줄을 서지 않는다는 것만으로도 편안한 쇼핑이 될 듯싶다.

역시 중국 상거래의 새로운 길을 만들고 있는 '마윈의 혁명적 접근 방식은 우리에게 시사하는 바가 크다. '알리바바'라고 하는 온라인 쇼핑몰의 성공을 오프라인까지 이어서 지속적인 발전을 꾀하는 전략인 셈이다. 사실 기존 오프라인 스토어의 단점을 한 번에 제거해 버리면서 쇼핑의 즐거움과 여유를 준다면 누가 싫다고 하겠는가!

특이한 점은 마윈이 신소매의 핵심으로 '사람, 사물, 장소'의 3대 요소를 제안한 것은 내가 10년 전부터 제시했던 '유통, 점·선·면 입체론'과 일맥상통한다는 점이다.

유통 9단 김영호의 '유통, 점·선·면 입체론'

　사업을 하려는가. 히트상품을 시장에 내놓고 대박 나길 원하는가.
그렇다면 명심해야 할 게 있다. '히트상품'을 찾으려 하지 말고 시장부
터 읽으라는 것이다. 그런 다음 히트상품의 가치를 높여 판매할 판로
를 찾아야 하고, 시장을 선도할 수 있어야 한다. 상품 개발은 그다음
이다. 히트상품으로 성공한 기업들의 공통분모다.
　'나무만 보고 숲은 보지 못한다.'는 말이 있다. 이 말은 사업을 하는
이들이 특히 명심해야 할 격언이다. 눈을 크게 뜨고 멀리 보면서 큰
그림을 그리라는 것인데, 많은 이들이 그렇게 하지 못한다. 아이디어
상품 하나만 잘 만들면 시장에서 성공할 수 있을 것이라고 착각하는
이들이 바로 '나무만 보고 숲을 보지 못하는' 이들이다. 시장은 그렇게
호락호락하거나 단순하지 않기 때문이다. 시장을 공략하려면 잘 짠
각본을 쥐고 시장을 선도할 수 있는 전략이 필요하다. 이에 대한 가이
드라인이 있다. "히트상품(점)'을 개발하고, 여기에 '브랜드(선)'를 달
아 가치를 높이고, 확실한 '유통망(면)'을 통해 판매해 '시장(입체)'을
이끌어야 한다."는 '점點·선線·면面 입체론立體論'이 바로 그것이다.

　사람은 누구나 큰돈을 벌기 원한다. 그렇지 않은 사람은 아마도 속

세 사람이 아닐 것이다. 돈 버는 방법 중에선 사업이 최고다. 히트상품까지 개발하거나 찾아낸다면 금상첨화다. 문제는 그 히트상품을 찾는 게 그리 만만한 작업이 아니라는 점이다. 더구나 히트상품을 개발한다고 해서 다 큰돈을 만지게 되는 것도 아니다. 결국 방법론인데, 여기에도 일정한 공식이 있다. 무작정 머리를 짜낸다고 히트상품이 툭 튀어나오는 건 아니란 말이다. 어떻게 해야 할까.

히트상품을 찾거나 개발하기 전에 가장 먼저 해야 할 일이 있다. 그건 바로 트렌드를 찾는 것이다. 전 세계의 히트상품을 보면 한결같이 공통점이 있다. 트렌드를 따라간다는 것이다. 트렌드를 반보만 앞서가는 지혜만 있다면 히트상품을 만드는 것도 어렵지 않다. 사업하는 사람들이 '트렌드, 트렌드' 하는 이유가 여기에 있다. 실제로 제아무리 좋은 아이디어를 접목했더라도 트렌드를 거스르는 상품이나 서비스가 제대로 성공한 예는 찾아보기 힘들다. (중략)

먼저 트렌드를 읽어라/ 구슬도 꿰어야 보배다

기업의 성공은 히트상품 하나만 가지고 이뤄지지 않는다. 잘 짠 각본에 따라 다양한 과정들이 맞물려 일어나야 한다. 이를 이론으로 풀어놓은 게 있다. 바로 '점點·선線·면面 입체론立體論'이다. 여기서 점은 '상품', 선은 '브랜드', 면은 '유통망', 입체는 '시장'을 뜻한다. 이 이론으로 비슷한 구조의 상품인데도 어떤 상품은 대박을 내고, 어떤 상품은 실패를 맛보게 되는지를 설명할 수 있다. 바로 히트상품의 조건을 규명할 수 있다는 이야기다.

자, 여기 하나의 상품이 있다. 이 상품은 크기나 값에 상관없이 하나의 '점(상품)'이다. 아무리 멋진 '점'이라 하더라도 훌륭한 '선(브랜드)' 안에 함께 있어야 가치가 빛난다. 브랜드의 이미지에 따라 상품의 가치가 달라진다는 것이다. 제조업체가 아무리 멋진 '점(히트상품)'을 만들었다 해도 이 '점'이 '점'으로 끝나면 더 이상의 발전은 없다. 그 상품에 대한 인기가 지속되지 않기 때문이다. 그러니 해당 상품이 더 잘 팔릴 수 있도록 '선(브랜드)' 전략을 수립해야 한다. 이것이 일반적인 히트상품이 갖는 한계점이다. 실제로도 단품 하나로 성공한 기업은 거의 드물다. 꾸준히 또 다른 시장을 선도할 상품이 필요하다.

이제 '선'을 만들었으면 '면'을 만들 차례다. 오프라인으로 치면 우리가 접하는 유명한 백화점이나 할인점이 '면'에 속한다. 상품을 유통할 수 있는 공간이다. '점'과 '선'이 제대로 만들어졌으면 '면'에 어떤 '점'과 '선'이 모인 '면'에 있느냐가 중요해진다. 여기서 '면'이 어디에 있는지는 크게 문제 될 게 없다. 입소문만 잘 퍼지면 전국 어디의 맛집이라도 달려가는 시대 아닌가.

'면'을 만들었으면 더 '큰 면'을 만들어야 한다. 그래야 소비자에게 더

무배격

큰 만족감을 주는 쇼핑을 유발할 수 있기 때문이다. 그 '면'들이 모이면 '입체'가 된다. 이때는 주어진 '면'을 가지고 정육면체, 직육면체, 원뿔형 등 원하는 형태의 '입체', 즉 시장을 만들 수 있다. 일례로 라스베이거스는 '도박'이라는 상품에 라스베이거스라는 '브랜드'를 달아 호텔이 곁들어진 '유통 공간'을 만들고, '테마파크형 카지노'라는 시장을 연 것이다. 바로 '점·선·면 입체론'과 일맥상통한다.

앞서 얘기한 것처럼 트렌드를 읽고, 유통망을 찾고, 히트상품 이후의 후속 전략을 짜고, 히트상품을 찾아야 한다는 것은 바로 이런 시장을 만들고 선도할 수 있어야 한다는 주장의 서론이었던 셈이다. 만약 하나의 상품을 보고 최후 단계인 입체까지 볼 수 있다면 분명 히트상품을 골라내는 것도 어렵지 않을 것이다.

〈출처: 김영호 저, 『유통만 알아도 돈이 보인다』〉

🐘 말로 주문하는 보이스 커머스(Voice Commerce) 세상

이젠 말로 하는 쇼핑의 시대가 우리 곁으로 점점 다가오고 있다.

음성 명령으로 주문과 결제, 배송까지 끝내주는 '보이스 커머스(voice commerce)' 세상이 열리고 있는 중이다. 이런 보이스 커머스 시장을 처음 연 회사는 여러분이 예측하듯이 미국의 '아마존'이다.

음성을 통한 쇼핑 시대를 본격적으로 연 '아마존'은 2014년 11월 AI 스피커를 출시했다. 미국은 AI 스피커를 이용한 구매 방식인 '보이스 커머스'가 새로운 유통의 영역으로 자리를 잡고 있다. 일례로 미국 가전제품 판매업체인 '베스트바이(BEST BUY)'사는 아마존(Amazon)의 알렉사(Alexa)를 통한 음성인식 쇼핑 서비스를 도입했다.

아마존은 이미 인공지능(AI) 알렉사를 사용하는 새로운 음성비서 스피커 에코룩(Echo Look)을 내놓은 바 있다. 전 세계에 약 5,000만 대 이상 팔린 바 있는데, 당연히 인공지능 '알렉사'를 이용한 추가 커머스를 계속 개발할 것이 아닌가!

한국에서는 SK텔레콤, KT, 네이버, 카카오 등 정보통신기술(ICT) 회사들이 미국보다 2년 정도 뒤늦은 2016년부터 AI 스피커를 앞다투면서 선보이고 있다.

또한 음성인식기술이 발달하면서 집안의 '집사' 노릇을 하는 가전제품들이 등장하고 있다. 주요 인공지능 제품으로는 TV, 에어컨, 청소기와 냉장고를 들 수 있다.

TV와 에어컨 그리고 청소기의 경우 사람이 자연스럽게 하는 말을 인식해서 주인의 명령을 수행하는 수준까지 발전했다. 인공지능을 기반으로 한 음성인식 기능이 가장 큰 특징이기 때문에 냉장고의 경우는 함께 사용하는 가족 구성원의 선호도를 파악할 뿐만 아니라, 냉장고에 보관하고 있는 식자재의 유통기한까지 고려해서 식단을 추천하고, 이를 통해 레시피까지 안내해 주는 역할도 해낸다.

이런 인공지능이 장착된 제품들은 단순히 미리 설계된 알고리즘에 의해 움직이는 것뿐만 아니라 소비자의 생활 패턴이나 언어를 스스로 습득하고 알아서 공부하여 행동으로 진화한다는 점이 소비자를 놀라게 한다.

현재 글로벌 가전업체들은 스마트가전 시장의 선점과 진화된 스마트 홈서비스를 구현하기 위해 다양한 기술들을 접목하며 생태계를 구축할 전망이다. 당연히 스마트폰과의 연동을 통한 스마트 홈서비스를 구축하기 위한 경쟁이 치열하다.

매년 독일 베를린에서 열리는 유럽 최대 디지털, 가전 전시회인 'IFA' 국제가전박람회에 출품한 거의 모든 가전업체의 신기술은 AI가 사람과 소통하는 쉬운 방식에 초점이 맞춰져 있다. 이처럼 글로벌 가전업체들이 미래 먹거리 사업으로 '보이스'에 집중하는 가장 주된 이유는 기술의 '확장성'에 있다.

'보이스' 기술은 거의 모든 가전 분야에 적용할 수 있을 만큼 탁월하기 때문이다. AI, IoT 등에 기술이 적용되어 스마트홈 그리고 말로 주문하고 결제하는 '보이스 커머스' 세상이 멀지 않아 보인다.

향후 보이스 커머스 시장은 점점 발전하게 될 것인데, 유통 대기업 및 IT 대기업들이 이 시장에서 선두를 지키려는 이유는 간단하다.

보이스 커머스를 선점해야 e커머스 시장에서도 우위를 점할 수 있기 때문이다.

🐘 말하는 대로 되는 무선(無線) 세상

2022년, 대도시 어느 워킹맘이 사는 거실의 풍경이다.

이 워킹맘의 5살짜리 아들의 쇼핑 방식은 우리네와 상당히 다르고 또한 아주 간단하다. 이 꼬마의 쇼핑 방식은 아주 간단하다. 즉, 거실에 있는 무선 스피커인 AI 스피커에 사고 싶은 장난감 이름을 대면 끝이다. 결제에 대한 물음이 AI 스피커에서 흘러나오면, 그냥 "오케이."라고 하면 쇼핑은 끝난다. 그리고는 다음 날 자신의 방에 도착한 장난감을 가지고 열심히 놀면 된다.

인공지능을 이용한 온라인 쇼핑이 얼마나 빨리 진화하는지 정신이 없을 정도다. 지금까지의 쇼핑 공식이 무너지고, 쇼핑 행위 자체가 변질되어 새롭게 만들어지는 속도가 상상을 초월하고 있다. 이런 쇼핑 행위 변화의 속도와 방향성이 얼마나 빨리 변화할지 가늠하기도 힘든 상황이다.

우리는 2016년 3월, 한국에서 진행되었던 인공지능 '알파고'와 인간 바둑기사 이세돌 9단과의 게임 이후에 인공지능이 바둑 이외에 수많은 산업에서 얼마나 다양하게 적용되고 발전하고 있는지 잘 알고 있다.

참고로 인공지능은 1946년 세계 최초로 컴퓨터 에니악이 발명된 이후 계산에서부터 시작되었다. 이후 논리, 사고, 자각 등 실제 지능과 같은 인공적으로 만든 인공지능은 해가 갈수록 발전을 하게 된다. 인공지능의 실력을 처음 공개한 것은 1997년 IBM의 인공지능 '딥 블루'가 세계 체스 챔피언 '가리 카스파로프'를 상대로 승리하면서부터다. 최근에는 인공지능 '왓슨'이 미국의 퀴즈 프로그램에서 역대 우승자를 제치고 우승을 차지하기도 하였다. 하지만 바둑만큼은 게임의 전개가 다양해 오랫동안 인공지능이 정복하지 못한 영역이었었다.

전 세계에서 인공지능 개발에 가장 박차를 가하는 나라가 바로 중국이다. 중국 정부는 2030년 미국을 AI 산업에서 이기겠다고 선언을 하고 연간 한화로 6조 원 이상의 자금을 쏟아붓고 있다. 중국 기업이 2016년 한 해 신고한 AI 관련 특허 등 직접 재산권이 29,000건에 달한다고 하니 중국의 AI 시장에 거는 기대가 상당해 보인다. 중국은 BAT(바이두, 알리바바, 텐센트)를 중심으로 거대한 인공시장을 만들어 가고 있다.

인공지능 혁명은 시대가 본격적으로 접어들면서 AI, 5G 통신망, 자율 주행 등의 기술 진보가 생각보다 빠르게 진화되고 있어서 향후 우리 일류의 일상생활과 경험은 송두리째 바뀔 것이다.

이 정도의 발전 속도에 비추어 본다면 몇 년 안에 소비자가 뭘 원하는지 말하지 않아도 AI 인공지능이 쇼핑을 권하는 세상으로 바뀔 가능성이 높아 보인다. 이런 세상에 되면 기존 온라인 쇼핑몰에서의 구매 전환율(소비자가 어떤 상품을 갖고자 하는 욕구를 실제 구매로 전환시키는 비율)이 기존보다 2~3배가량 높아지기 때문에 온라인 쇼핑몰의 매출도 당연히 증가할 수밖에 없는 세상이 될 것이다.

최근에는 몸에 착용 가능한 웨어러블(wearable) 제품 중에서 선이 필요 없는 '무선 이어폰'이 인기리에 판매 중이다.

이어러블(earable) 혹은 히어러블(hearable) 기기라고 불리는 '무선 이어폰' 제품들은 단순한 음향기기가 아니라 이용자와 일상(日常)을 함께하는 스마트기기다. 최근에 나온 무선 이어폰은 이어폰을 낀 채로도 주변의 말소리, 소음까지 구분해 들을 수 있다.

미국 시장조사 기관 '리서치앤드마켓'에 의하면 글로벌 이어러블기기 시장의 규모가 2015년 1억 3,000만 달러(약 1,400억 원)에서 2020년에는 76억 달러(약 8조 원) 규모로 커지리라 예상했다.

또한 오프라인의 매장에서의 결제는 더욱 손쉬워진다.

근거리 무선통신(NFC) 기능을 이용해서 신용카드 없이 결제할 수 있는 서비스가 진행되고 있기 때문에 소비자들은 줄을 서지 않아도 손쉽게 결제를 완료할 수 있다.

그야말로 줄 서지 않는 쇼핑이 가능해진다. 가맹점들은 굳이 돈을 들여 전용 단말기를 준비하지 않아도 된다. 모바일 결제가 편리하게 실행될 수 있기 때문에 소비자들은 현금이나 신용카드를 갖고 다닐 이유가 전혀 없어진다. 이게 애플페이, 삼성페이, 알리페이, 카카오페이 등 모바일결제 시장에서 불꽃 튀는 대결이 진행 중인 까닭이다.

사실 매년 11월 11일 진행하는 중국판 블랙프라이데이로 불리는 광군제(光棍節, 독신자의 날)의 매출이 매년 신기록을 경신하는 이유도 중국의 핀테크·모바일의 발전으로 이뤄진 것이다.

2017년 광군제의 당일 매출이 28조 원이라는 사실을 세계가 모두 놀라지 않았던가. 이번 광군제에서 모바일결제 비중은 90%를 넘어섰다고 한다. 더구나 중국 2위 전자상거래업체 '징둥'까지 합하면 매출액이 50조 원에 달하니, 광군제의 원조라 할 수 있는 미국의 '블랙프라이데이'가 얼굴을 들 수 있을까 싶다.

이처럼 중국이 세계가 놀랄 만한 핀테크·모바일 강국이 된 비결은 알고 보면 간단하다. 중국이라는 거대한 대륙에 유선망 구축이라는 난제를 바로 건너뛴 것이다.

즉, 한국처럼 유선망 시대를 거쳐서 모바일 시대로 간 것이 아니라 유선망 시대를 건너뛰고 바로 모바일 시대로 진입한 것이다. 여기에 핀테크 기술이 결합하자 중국 유통 경제는 세계의 중심으로 한걸음 바짝 다가갔다.

최근 중국 대도시를 방문한 여행객들 모두가 알듯이 핀테크에 기반을 둔 모바일 사회로 변신한 중국의 일상생활을 보았을 것이다. 우스갯소리로 중국은 걸인도 핀테크를 이용한 모바일결제를 받는 나라이다. 길거리 자판기나 관광 명소 앞에서 생수를 파는 1인 노점상도 QR코드를 통한 전자결제가 보편화돼 있는 사실을 목격했을 것이다.

이제 세계는 중국의 모바일 사회로 변한 사례를 반면교사 삼아서 빠른 변신이 필요한 세상이다.

무선, 즉 노라인(No Line)만이 살 길이다.

매장을 내 삶으로 옮겨놓는 증강현실(AR: augmented reality, 增强現實) 쇼핑

2016년 하반기 전 세계는 가상의 포켓몬을 잡기 위해서 혈안이 되었던 시절이 있었다. 사람들은 공원에서, 길을 걸어가면서 혹은 차를 운행하면서도 스마트폰을 들여다보고 포켓몬을 잡으려고 혈안이 되었던 시절이 있었다. 불과 2년 전 일이다.

전 세계 소비자들에게 '증강현실'이라는 새로운 세상을 알려준 앱(App)이었다. 그 당시 대한민국에는 국민 게임이라고 불리던 게임이었던 '애니팡'을 물리치고, '포켓몬고'로 갈아탄 소비자들로부터 상당한 인기를 구가하기도 했다. 하지만 이런 증강현실이 비단 IT 게임에만 적용되는 기술이 아니라는 사실은 모두 다 알고 있을 것이다.

이러한 증강현실의 장점을 소비자들의 쇼핑에 첫 번째로 적용한 회사가 바로 스웨덴을 대표하는 가구업체인 '이케아(IKEA)'이다.

'이케아'가 2017년 가을에 내놓은 '이케아 플레이스'는 스마트폰 카메라로 방 안을 비추면 온라인에서 판매하는 가구를 실제처럼 배치해볼 수 있는 새로운 서비스앱이다.

사용자가 앱을 작동시키면 새로운 가구를 설치해야 하는 곳을 미리 묻고, 이에 대한 답으로 카메라를 비추게 되면 소비자는 거실에 배치된 가구의 모습을 자신의 스마트폰을 통해서 미리 알 수 있게 된다.

가구의 실제 크기와 색상이 이미지로 나타나기 때문에 실제 가구를 들여놓았을 때를 예상할 수 있게 만든다. 이로써 지금까지 소비자들이 겪었던 불편함―가구 구입 전에 집에 놓을 장소와 가구의 크기를 미리 줄자로 재는 수고―을 없앨 수 있게 된다.

〈출처: ikea.com, 증강현실을 쇼핑에 도입하여 소비자의 구매 전 불편을 줄여 준다.〉

가구업계의 또 다른 경쟁사의 사례를 보자. 이 회사는 2018년 6월, 새로운 미래스토어 개점에 관한 뉴스를 발표했다. 이 스토어는 바로 내가 미국 주요 도시에 가면 늘 방문하는 스토어 중의 하나인 '컨테이너 스토어(Container Store)'이다.

이 회사는 이케아(IKEA)와 비슷한 소비자군을 대상으로 수납용품 전문 카테고리형 매장이다. 1978년에 시작하여 현재까지 미국 내 90

개의 매장을 운영 중인 수납용품 및 정리용품 전문점으로서 약 11,000개 이상의 제품을 머천다이징하고 있다.

이 스토어에서는 소비자의 구매 시 선택에 도움을 주는 새로운 제도를 2018년 6월에 도입했다. 새롭게 매장 운영에 도입한 '오가니제이션 스튜디오(Organization Studio)'와 '고객 맞춤형 옷장 스튜디오(Custom Closets Studio)'를 운영하기 시작했다.

이는 '이케아'처럼 고객이 스스로 새로 놓은 가구와 위치 선택의 증강현실 쇼핑 방식이 아닌 오프라인 수납 전문가의 조언과 온라인 방식의 디지털 스크린 방식을 합한 방식이다. 즉, 온라인의 장점과 오프라인의 장점을 합한 비즈니스 모델인 셈이다.

'오가니제이션 스튜디오(Organization Studio)' 제도는 소비자가 자신의 방이나 거실 등 가구 및 수납용품이 필요로 하는 공간을 사진을 찍어 웹에 올려놓고, 오프라인 매장에서 전문가와 일대일 미팅 예약을 하는 방식이다. 아무래도 오프라인 매장에서 수납 전문가의 조언을 받은 후에 구매 결정을 하는 방식이다 보니 디지털 기술에 인간적 요소를 더해 준다.

고객 맞춤형 옷장 스튜디오(Custom Closets Studio) 제도는 매장에 18개의 디지털 인터렉티브 스크린(Interactive Screen)을 준비하여 소비자가 디지털 콘텐츠를 시청하거나, 제품을 검색하거나, 여러 가지로 다르게 수납용품 구조를 변경, 설계가 가능하게 하여 쇼핑객이 직접 저장하거나 인쇄할 수 있게 도움을 준다. 이렇게 되면 소비자가 미

리 구입하고자 하는 수납가구의 디자인이 어떻게 구현되는지 미리 알
수 있게 된다.

이런 새로운 프로젝트를 선보임으로써 정작 소비자가 원하는 오프
라인 매장에서 자신의 구매에 자신을 얻게 되는 것은 인간적 요소가
결합된 디지털 기술임을 알려준다. 이를 통해 '컨테이너 스토어'에 온
소비자는 맞춤형 옷장 시스템 제품군과 다양한 온라인 및 모바일 쇼
핑 서비스를 경험하게 된다.

〈출처: containerstore.com, 컨테이너 스토어는 수납전문가라는
인간적 요소를 가미한 디지털 기술을 선보이고 있다.〉

아마존도 2017년 말, 애플과 공동으로 증강현실을 이용한 쇼핑인
'AR뷰' 서비스를 제공하여, 스마트폰으로 찍은 생활공간에 미리 상품

을 배치할 수 있도록 했다. 이를 통해 생활소품과 전자제품을 구매하지 않아도 자신의 집이나 사무실에 미리 배치해 볼 수 있도록 만든 서비스다.

'AR뷰' 서비스를 통해서 아마존에 있는 아주 다양한 카테고리 내 수천 개의 제품을 미리 배치해 보고, 구매도 가능하게끔 된 것이다. 즉, 소비자 입장에서는 온라인으로 구매 전에 '미리 설치해 보기' 기능을 통해 구매 여부를 결정함으로써 불필요한 제품 구입을 미룰 수 있게 된다.

이런 AR 가상 배치 서비스는 일류 브랜드를 중심으로 소비자의 체험을 미리 선행시키는 브랜드 강화 전략의 하나로 진행되고 있는 중이다.

증강현실 쇼핑은 비단 가구업계뿐만 아니라 의류·뷰티업계에서도 적용하고 있다. 소비자가 구매하고자 하는 옷을 피팅룸에 가서 꼭 입어 보지 않아도 입었을 때의 모습을 가상으로 보여주는 식이다. 대형 디지털 거울을 설치하여 소비자가 화면에서 구매하고자 하는 옷을 고르면 거울에 해당 옷을 입은 자신의 모습을 합성해서 보여주는 서비스 방식이다.

화장품의 경우에는 소비자가 자신의 셀카 얼굴을 올리면, 선택 가능한 화장품 브랜드로 화장한 후의 모습을 보여주는 서비스다. 미리 화장한 자신의 모습을 예측할 수 있으니 실제 얼굴에 화장품 샘플을 바르고 지우는 수고를 덜어 주는 아주 착한 서비스인 셈이다.

이처럼 매장을 내 삶으로 옮겨 놓는 증강현실 쇼핑이 가구업계 및 패션업계 등으로 넓혀지는 등 점점 산업의 외연을 넓히고 있는 중이다.

글로벌 시장조사기관인 '디지캐피털'이 예측한 2022년 글로벌 AR·VR 시장 규모는 1,050억 달러(119조 원)까지 성장할 것으로 예측했다. AR 시장 규모는 약 900억 달러(101조 원)로, 150억 달러(17조 원)에 머문 VR과 비교해 6배쯤 클 것이라는 게 보고서의 전망이다.

현재 두 기술의 시장 규모가 비슷하게 나타나지만, 곧 AR 시장이 급속도로 커진다는 것을 의미한다. 또한 해마다 3배 이상 급팽창할 유망산업으로 예측하였다. 글로벌 기업뿐만 아니라 국내 리딩 기업들이 AR에 집중하는 이유를 알 수 있지 않은가!

※ 가상현실(Virtual Reality, VR)과 증강현실(Augmented Reality, AR)의 차이점
가상현실은 자신(객체)과 배경·환경 모두 현실이 아닌 가상의 이미지를 사용하는 데 반해, 증강현실(Augmented Reality, AR)은 현실의 이미지나 배경에 3차원 가상 이미지를 겹쳐서 하나의 영상으로 보여 주는 기술이라는 점이 다르다.

무배격

🐘 AI 패션 코디네이션과 AI 세상

패션의 미래를 바꿀 AI 디자이너

인공지능(AI: 이하 AI로 표현함)의 발달로 인해 우리네 실생활이 점점 바뀌고 있다. 몇 년 전 세계적인 바둑기사로만 알고 있었던 AI는 이젠 인간의 고유 영역인 '창의성' 부분까지 넘보고 있다. 바로 패션업계에서 AI 디자이너의 활약이 심상치 않아 보인다. 여기에 맞춤형 개인화된 맞춤패션 시장이 동시에 움직이고 있다.

이렇게 인공지능과 빅데이터 기술의 발전으로 인해 소비자는 굳이 집 밖에 있는 스토어까지 나가서 청바지 수십 벌을 입어보느라 땀 흘리지 않아도 되고, 스토어까지 왔다 갔다 시간을 낭비하지 않아도 얼마든지 나만의 매력을 뽐낼 수 있게 된다.

이제부터 맞춤옷의 대중화는 시간문제다

이런 기술이 발전하면 굳이 시간을 낭비해 가면서 오프라인 매장을 가려는 소비자가 줄어들 것은 불 보듯 환해 보인다.

특히 AI 패션 코디네이션 비즈니스에서 미국과 중국의 싸움은 정말 대단하다. 전 세계에서 '나만을 위한 디자인'을 가장 저렴한 비용으로 획득할 수 있는 세상이 곧 올 듯 보인다.

① 중국 AI 패션사업의 대표 주자, 알리바바

알리바바는 직접 운영하는 '티몰'에 입점한 의류판매 소매상들의 도움을 얻어 최근 7년간, 50만 명의 패션 디자이너들의 패션 코디네이션 자료 등을 축적한 자료를 데이터베이스화하여 AI 분석 작업에 들어갔다는 외신 뉴스가 들려온다.

'알라바바'는 2018년 4월, 중국 항저우(杭州)에서 개최한 UCAN '개발자 포럼'에서 내부 연구소인 로봇 실험실과 달마원(達摩院), 저장대학이 공동 개발한 로봇인 '알리우드(Aliwood)'를 선보였다.

일종의 영상 편집제작 로봇인 '알리우드'에게 상품 정보를 제시하면 이 AI는 곧 자동으로 상품을 다중 분석해 1분 이내에 정태적(情態的) 내용을 동태화(動態化)함으로써 이 상품과 관련된 단편 영상 한 편을 만들어낼 수 있다고 한다.

이 경우, 소비자가 관심 있는 의류 혹은 의상이 필요한 시간, 장소, 경우(TPO) 정보를 넣게 되면 구매 확정에 도움을 줄 수 있도록 관련 정보를 알려 주게 된다. 단 1초 만에 100개의 의상을 추천해 줄 수 있는 셈이다. 지금까지 패션 코디네이터 역할을 매장의 숍마스터가 주로 했다면 이제부터는 AI가 대행할 것이다.

'알리바바'는 글자보다는 사진, 사진보다는 동영상에 더 집중하는 소비자들을 위한 상품 소개 '동영상 커머스'에 집중할 예정이다. 앞으로 '알리우드'가 20억 개의 판매상품을 영상으로 만들어 내용을 전달할 수 있을 것으로 본다.

〈중국 AI 산업의 청사진〉

2020년	AI 전체 기술 및 응용발전 수준을 선진국과 같은 수준으로 제고한다.
2025년	AI 기초 이론의 획기적인 돌파구를 마련한다. 일부 AI 기술 응용 분야에서 세계 선도에 나선다.
2030년	AI 이론·기술 응용 방면에서 세계에서 선도가 되어 세계 AI 혁신의 중심국가로 자리매김을 완성시킨다.

[자료원: 중국국무원]

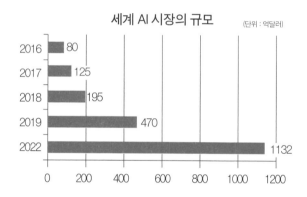

세계 AI 시장의 규모 (단위 : 억달러)

2016 80
2017 125
2018 195
2019 470
2022 1132

[자료원: IDC]

② 미국의 유행할 옷을 미리 예측하는 대표 주자들

(1) 아마존(Amazon)

전 세계 유통의 새로운 변화를 선도하는 '아마존'이 추진 중인 새로운 프로젝트 중의 하나가 바로 'AI 패션 디자이너'이다. 즉, 소비자 취향에 맞을 옷을 인공지능이 디자인하여 전 세계 공장에서 실시간으로 제조, 배송하는 시스템인 것이다. 패스트 패션이면서 맞춤형 패션인 셈이다.

아마존은 2017년 대량의 이미지를 분석해 스타일을 카피한 후 새로운 제품을 디자인할 수 있는 알고리즘을 개발했다. 샌프란시스코에 있는 아마존의 R&D 부서 'Amazon Lab 126'에서 개발 중인 이 알고리즘은 새로운 인공지능기술인 '생성적 적대 신경망(GAN: Generative Adversarial Network)'이라 불린다. 이 새로운 기술은 인스타그램, 페이스북에 나오는 패션 이미지를 분석해 앞으로 유행할 새로운 패션스타일을 디자인할 수 있다.

아마존은 온라인 상거래에 이 같은 첨단 기술을 결합함으로써 아마존의 온라인 의류판매사업 경쟁력을 향상시켜 기존 반품률을 낮추고, 타사 고객을 자사 사이트에 붙들어 놓음으로써 미국 의류시장 지배력을 1위로 올리려 하고 있다.

(2) 스티치픽스(Stitch Fix)

소비자의 취향에 맞춰 옷을 추천하는 '스티치픽스'는 창업 5년 만에 기업가치가 무려 5조 원대에 이르렀다. 이 회사는 2011년 탄생했는데, 맞춤형 옷 배달 서비스의 대표 주자로서, 고객이 미리 입력한 키,

몸무게 등의 기본적인 신체 정보, 좋아하는 색상, 패턴 정보, 싫어하는 직물 정보, 좋아하는 액세서리 정보, 외출 빈도 정보, 연간 주요 기념일 등에 관한 질문들을 바탕으로 고객이 좋아할 만한 옷 5벌을 인공지능을 이용하여 선별하고, 고객의 집까지 배송해 주는 서비스를 운영하고 있다. 이 회사는 이런 스타일링 비용으로 한 달에 20달러를 받는다.

현재 미국에서 약 270만 명의 고객을 보유 중이다. 특히, 30~40대 '워킹맘'에게 인기가 많다. 그 이유는 인터넷 구매가 쉽지 않은 시간적 제약도 있겠지만, 지금까지 상대적으로 여성의 취미와 취향에 맞는 기술 발전 혜택이 가장 적은 계층이었기 때문이다.

집으로 배송된 옷 중에서 마음에 들지 않는 것은 반품하면 된다. 배송 상자 안에는 어떤 옷으로 함께 입으면 좋은지에 관한 코디 방법이 안내된 '스타일 카드'도 함께 들어 있다. 이처럼 모든 프로세스가 '소비자 경험'을 최대치로 끌어올리는 데 맞춰져 있다.

좀 더 자세히 비즈니스 프로세스를 보면, 고객 데이터베이스를 기반으로 AI 알고리즘의 도움을 받아 제품을 추천받은 뒤, 최종 선택은 회사가 보유한 1,000명의 재택근무를 하는 스타일리스트가 선정하게 된다. 데이터 기반 AI 인공지능과 패션 전문가라는 인간의 감각을 결합한 '스티치픽스'만의 추천 기반 비즈니스 모델을 진행 중에 있다. 이런 특별한 추천의 결과, 80%의 고객이 추천받은 옷 중 최소한 한 개를 구매하고 있고, 첫 구매 후 90일 안에 재구매를 한다고 회사는 전한다.

(3) 타미힐피거(Tommy Hilfiger)

미국의 대표적인 의류 브랜드인 '타미힐피거'는 2018년 초, IBM과 뉴욕에 있는 세계적인 패션학교인 Fashion Institute of Technology(FIT)와 파트너십을 맺고 인공지능 활용 프로젝트를 진행 중이다.

여기서 진행 중인 내용을 정리하면, 실시간 패션 트렌드 파악하기, '타미힐피거' 신제품에 대한 소비자의 반응과 선호도 조사하기, 소비자가 선호하는 색상과 스타일 판독하기 등이다.

이러한 인공지능 시스템의 분석 결과는 곧바로 디자이너에게 전달되기 때문에 디자이너는 시장조사 등에 시간을 쓰는 대신 창의적인 다음번 컬렉션 디자인만을 위한 의사 결정에 집중하면 된다. 당연히 경쟁사의 디자이너와의 경쟁력 강화에 많은 도움을 받게 된다.

③ 일본의 개인형 맞춤패션을 선도하려는 '조조타운'

지금까지 개인 맞춤형 옷들은 미국에서 진행 중인 '프로퍼 클로스(Proper Cloth)'나 엠테일러(MTailor) 같은 앱을 이용한 몇 가지 질문에 답하는 식으로 맞춤복을 주문하는 시스템이었다.

하지만 신형 스마트폰의 3D 카메라를 이용하여 치수 측정의 정확

무배격

도를 훨씬 높여서 그야말로 아주 편리한 나만의 맞춤형 옷을 배송 받을 날이 바로 눈앞에 와 있다. 이런 트렌드를 앞서 나가는 기업이 바로 일본의 '조조타운'이다.

2018년 초, '조조타운'은 원하는 소비자들에게 무료로 물방울형 '조조슈트'를 보내어 소비자가 입게 한 후, 이 슈트를 입고 사진을 12번 찍으면 앱에 신체 24곳의 치수가 나오는 기술을 선보였다. 즉, 나만의 맞춤옷을 손쉽게 제작할 수 있는 시스템을

〈출처: zozo.jp, 물방울형 조조슈트는 소비자에게 재미와 무료라는 개념을 이용, '큐레이핑'을 시도해 유명해졌다.〉

개발한 셈이다. 기존의 온라인 패션 판매에서의 구매의 약점인 '나만의 사이즈 측정'을 위해 사이즈를 측정해 주는 옷을 만들자는 재미난 발상이 현실화된 것이다.

이렇게 되니 온라인으로 옷 구매를 주저하게 만드는 소비자들에게 나만의 사이즈 측정이 가능해짐에 따라 온라인을 통한 의류 구매가 한층 쉬워지게 되었다. 향후 개인 맞춤형 온라인 패션 구매 고객 증가는 당연한 게 아닌가!

이제부터 빠른 배송보다 혹은 수많은 아이템을 보유한 상품 확보보다 더 중요한 선진 경영이 바로 소비자가 원하는 바로 그것(it)을 제공할 수 있는 능력이다. 이른바 '큐레이핑(curated + shopping)'이라 불리는 큐레이션 쇼핑이다. 지금까지 전시회장에서만 필요해 보였던 '큐레이터'라는 직업이 21세기에 들어오면서 '디지털 큐레이터'로 진화하였다. 파편화된 정보를 의미 있는 콘텐츠로 바꿔 주는 사람 혹은 인공지능이 필요한 세상이기 때문이다.

AI의 끝판은 어떤 세상일까?

우리가 알고 있는 인공지능이 어느 정도 발전할 것인지 궁금하지 않은가!

이에 대한 해답 중의 하나가 바로 '구글'이 진행 중인 '에지 TPU'라는 IoT 기기에 특화한 AI 전용칩에 있다. '에지 TPU'는 클라우드 중앙 서버를 거치지 않고 IoT 기기에서 곧바로 데이터를 분석·처리할 수 있는 AI 칩을 말한다. 즉, 기존 사물(thing)은 인간이 정해준 단순 기능만 수행하는데, 여기에 AI가 들어가면 인간 수준의 의사 결정을 내릴 수 있는 디바이스(device)로 바뀌게 되는 것이 바로 '에지 TPU'라고 소개한다.

이렇게 AI 칩 크기가 점점 작아지면, 향후 AI 칩이 거의 모든 사물에

삽입이 가능해지기 때문에 중앙 서버를 거치지 않고 바로 자기 스스로 판단, 결정하여 행동으로 옮기는 세상이 된다.

우리 눈에는 보이지 않지만 항상 우리 곁에 있는 공기와 같은 존재, 이른바 '스마트 인 디 에어(smart in the air)' 세상이 열리고 있다는 이야기다.

'스마트 인 디 에어' 세상이 되면 제품을 구매하기 위한 주문도 자동으로 될 수도 있고, 교통상황도 알아서 신호가 바뀌기도 할 것이다.

모든 사물이나 기기들이 스스로 의사 결정을 하게 될지도 모른다.

과연 이런 세상을 우리는 꿈꾸고 있는 걸까?

과연 미래의 소비자는 자신의 의지와 상관없이 구매 의사 결정을 하고, 자신도 모르게 배송된 제품을 사용할 것인가?

당신은 어떤 결정을 할 것인가?

🐘 재고 없는 매장과 쇼루밍(showrooming) 쇼핑 방식

미국 백화점의 대명사인 '노드스트롬'에서 매장의 효율성을 높이기 위한 실험적 매장을 시작했다. 브랜드는 '노드스트롬 로컬(Nordstrom Local)'이라 하며, 매장은 2017년 10월 3일 LA에서 처음 개점했다. 이 매장은 상품의 재고를 두지 않는다.

이 매장의 면적은 3,000제곱피트(280㎡, 약 84평)로 이 회사 매장의 평균 넓이인 14만 제곱피트(1만 3,000㎡, 약 3,940평)에 비해 규모가 2% 정도밖에 되지 않을 정도로 작다.

이런 극단적 선택을 하게 된 동기는 당연히 미국 아마존의 온·오프라인 유통 공습에 대한 반격이라 할 수 있다. 이 매장에서의 특징을 보면, 점포를 방문한 소비자는 온라인 주문 상품을 수령하거나 반품할 수 있다. 하지만 매장 내에는 재고가 존재하지 않는다. 매장에 진열된 제품은 일종의 견본품인 관계상 판매를 하지 않는다.

구매를 원하는 소비자에게는 개인 스타일리스트들이 나서서 도와준다. 고객이 원하는 상품이 어디에 있는지 로스앤젤레스(LA) 지역 9곳의 노드스트롬 매장이나 웹사이트 등을 통해 검색해 보고 결과를 알려준다.

즉, '쇼루밍(매장에서 제품을 살펴본 뒤 실제 구매는 온라인에서 하는 것)' 방식을 새로운 매장에 적극적으로 접목한 것이다. 온라인 구매 방식에 익숙한 소비자들을 매장에 끌어들이기 위한 새로운 판매 방식을 시도하면서 매장 공간을 최대한 슬림화할 수 있고, 무재고를 채택해서 매장 효율을 최대치로 끌어올리는 전략을 집행 중이다.

뿐만 아니라 이곳에서 제공되는 색다른 서비스로는 손톱 손질(네일 서비스)과 와인이나 맥주, 주스, 커피 등의 음료를 즐길 수 있게 라운지를 제공하고 있고, 파티에 입고 갈 턱시도를 렌탈해 주는 서비스가

무배격

있다. 이를 통해 동네 주민들의 휴게 공간 혹은 카페 같은 존재로 포지셔닝 중이다.

노드스트롬의 이러한 '쇼루밍' 방식의 쇼핑은 온라인 남성의류 전문업체 '보노보스(Bonobos)'와 흡사해 보인다. '보노보스'는 2017년 6월, '월마트'가 3억 1,000만 달러에 인수한 온라인 중심의 쇼핑사업을 하는 업체인데, 쇼루밍 방식 쇼핑의 대표 주자이다.

이 업체 또한 온라인에서 판매하는 셔츠와 재킷, 바지 등을 입어볼 수 있는 일종의 쇼룸 공간형 매장을 미국 주요 대도시에 개점하는 전략을 전개 중이다. 그래서 미국 소비자들은 오프라인 매장에서 옷을 직접 입어본 뒤, 마음에 드는 옷을 온라인으로 주문하는 방식을 진행 중이다.

미국은 향후 매장 없는 유통을 지향하고 있기 때문에 기존 매장에서 효율성을 만들어 내지 못하는 점포들은 파산을 발표하거나 구조조

〈2017년 파산을 발표한 미국의 주요 소매회사들〉

기업(유통 제품)	미국 내 매장 수(개)
토이저러스(장난감)	1,600
라디오색(전자제품)	1,000
페이리스 슈소스(잡화)	400
뤼21(의류)	400
짐보리(의류)	350
웨트실(의류)	330
더 리미티드(의류)	250
퍼퓨마니아(향수)	226
배니티(의류)	140
트루릴리전(의류)	140
BCBG맥스아즈리아(의류)	120
고드먼스(백화점)	106
hhgergg(전자제품)	88
에어로솔(의류)	88
이스턴아웃피터스(의류)	36

[자료원: 포천, NJ.com]

정을 신청하고 있는 중이다. 이런 추세는 미국뿐만 아니라 전 세계적으로 동일하게 진행될 확률이 높아 보인다.

※ 쇼루밍(showrooming)

소비자들이 오프라인 매장에서 제품을 살펴본 후 실제 구입은 온라인사이트를 통하는 쇼핑 행태를 말한다. 쇼루밍 현상이 증가하는 이유는 스마트폰, 태블릿 PC 등 모바일기기가 확산되면서 소비자가 온라인상에서 쇼핑에 필요한 제품 정보 및 리뷰 탐색 등에 쓰는 시간이 많아지고 오프라인보다 온라인 구매가 가격 경쟁력에서 우위를 차지하기 때문이다.

〈출처: '네이버 지식백과' 쇼루밍(showrooming)(한경 경제용어사전, 한국경제신문/한경닷컴)〉

무배격

2. 뱃살을 없애라

나의 멋지고 건강한 몸매를 보여주고 싶다

4차 산업혁명으로 인해 모든 커머스(commerce: 상행위)가 AI의 도움으로 진행될 때, 패션산업은 과연 어느 시장을 향해 비즈니스를 펼쳐야 할까?

AI가 아무리 발달해도 향후 패션산업이 지향해야 할 방향성과 소비자 중심의 커머스는 어떻게 설계해야 하는지 지금부터 잘 정립해야 할 것이다.

🐘 15년, 유명 스포츠 브랜드가 스스로 사업을 접은 이유

앞선 소비자, 뒤따르는 의류패션 마켓

2016년 6월, 한국에서는 패션 아웃도어, 캐포츠(캐릭터 스포츠캐주얼)라는 새로운 신조어를 만들어 젊은 고객들에게 머스트해브(must have) 아이템으로 자리매김했던 그 대단한 브랜드가 스스로 사업을 접겠다고 언론에 발표했다. 절대 지지 않을 태양 같은 존재였던 해당 브랜드가 스스로 퇴출을 발표한 사건은 대한민국 패션업계에 커다란 충격파를 전파했다.

그렇다면 과연 2016년 즈음해서 해당 브랜드 회사 안과 한국의 패션산업에서는 무슨 일이 있었을까?

아시다시피 한국에 캐포츠라는 새로운 영역을 만들어 패션업계에 센세이션을 일으킨 2001년 런칭한 해당 브랜드는 스포츠 캐쥬얼 분야의 독보적 1위 브랜드였다. 그 누구도 해당 브랜드의 끝없는 성장에 의혹의 눈을 두지 않았던 시절이었다. 그 당시 모든 마케팅 관련 학자와 패션 실무진들은 해당 브랜드의 마케팅 성공 사례를 입에 침이 마르도록 칭찬 일색의 시장평가를 내리던 시절이 있었다.

그 당시 주요 일간 신문에 실린 내용을 보면, '캐포츠'라는 새로운 시장을 창조한 이 브랜드는 5일 근무제와 웰빙, 퓨전 열풍에 힘입어 새로운 수요의 시장을 개척했고, 기존 스포츠웨어나 캐주얼웨어와는 다른, 전혀 새로운 영역을 개척했다는 소식뿐이었다.

사실 대한민국에는 무슨 브랜드가 뜬다고 하면, 관련 학계 교수나 협회 담당자는 해당 브랜드를 칭찬하는 미사여구를 총동원한다. 왜 해당 브랜드의 마케팅 전략이 성공할 수밖에 없는지를 조목조목 설명해 준다. 당연히 소비자에게 제대로 해당 브랜드를 평가할 기회를 주지도 않는다. 소비자의 현장에서의 불평과 불만이 해당 브랜드 실무자에게 전달되는 기회를 차단하기까지 한다.

거의 10여 년간 해당 브랜드의 독주를 그 누구도 막을 수 없었던 시절이다. 하지만 2014년부터 해당 브랜드의 매출이 급감하기 시작한다. 물론 대내적으로 관계 회사 합병 및 법인명을 변경하는 지배구조의 변혁 과정이 있다고 하지만, 스포츠웨어의 대명사인 브랜드가 스스로 시장에서 퇴출하겠다고 선언한다는 것은 전 세계 패션 시장에 커다란 변화가 일어나고 있음을 알려준다.

그렇다면 또 다른 커다란 변혁의 파고를 만나보자.

아웃도어 시장에 대한 뉴스다. 그 당시 대한민국 아웃도어 시장이 얼마나 잘 나갔는지 주요 언론에 나온 자료를 정리하면 다음과 같다.

한국 아웃도어 의류 시장의 성장세가 놀랍도록 빠르다. 미국 아웃도어 시장 규모인 약 60억 달러(한화 6조 원)에 비해, 한국이 5조 원의 크기로 성장했다. 그래서 한국 시장은 전 세계 아웃도어 시장 규모 측면에서 보자면 미국에 이어 세계 2위이고, 인구 1인당 규모로 비교하면 세계 1위라는 결론에 이른다는 내용이었다.

그런데 어디가 고점인지 모르게 인기 폭발이던 대한민국 아웃도어 시장을 어느 순간 '치킨 시장을 닮은 아웃도어 시장'이라고 표현하기 시작한다. 이 당시 패션업체들은 앞다투어 아웃도어 브랜드를 새롭게 런칭했고, 아웃도어 메가트렌드에 발맞추어 매출은 우상향 곡선을 계속 만들어 가던 시절이었다.

또한 주5일 근무가 정착되면서 소비자들은 가장 경제적이면서 여러 사람들과 시간을 공유할 수 있는 '등산'에 집중하기 시작했고, 이는 아웃도어 활동의 저변 확대에 일조하게 된다.

당시에는 소비자들이 비싸고 차별화된 제품을 좋아하기 때문에 고가 제품을 주력 생산했다. 실제로는 가격을 내릴 요인이 충분히 있음에도 불구하고 고가 마케팅을 내세우는 업체들이 대부분이었다.

당연히 국내 브랜드 출시보다는 해외 유명 브랜드 수입을 통한 고가 브랜드 포지셔닝에 열을 올리는 시절이기도 해서 미국 현지 가격보다 1.8~2배에 해당하는 고가로 가격을 설정했던 시절이다.

한마디로 말해서 동네 뒷산 오르는데, 등산복은 히말라야 등반용 아웃도어를 입는 것이 트렌드인 양 거품이 껴 있던 시절이 계속된다. 아웃도어 시장은 생각보다 너무 빨리 크게 성장했기 때문에, 쇠퇴하는 시간도 상당히 짧았다고 본다.

대한민국 아웃도어 시장은 2012년까지 매년 두 자릿수의 성장률을 기록했고, 대한민국의 거의 모든 중견 패션기업들이 너도나도 아웃도어 시장에 뛰어들면서 이 시장은 곧바로 레드오션으로 변하게 된다.

대한민국 아웃도어 시장은 2012년 시장 규모가 7조 원까지 성장하게 되는데, 이 시점을 정점으로 해서 2013년부터 두 자릿수로 역신장하게 되고, 그 이후 지속적으로 하락세를 걷게 된다.

당연히 2013년부터 아웃도어에 진입한 패션 중견업체들은 하나둘

무배격

씩 발을 빼기 시작한다. 그야말로 '치킨런'이 아니고 '아웃도어런'이 시작된다. 달도 차면 기울듯이 소비자의 트렌드를 잘못 해석한 중견 패션업계는 어느 순간 황금알을 낳아 주던 아웃도어 브랜드를 스스로 시장에서 폐기하기 시작한다.

이처럼 아웃도어 시장이 빠르게 쇠퇴할 즈음 과연 해외 선진국에서는 무슨 일이 벌어지고 있었던 것인가?
해당 산업의 전문가와 학계에서는 과연 무엇을 하고 있었을까?
선진국의 선진 패션산업에서는 다른 일이 전개되고 있었는데, 왜 아무도 몰랐을까?

아웃도어 시장을 잇는 새로운 차기 대표 주자는 누구?

현재 유통혁명 중인 선진국 의류 패션 마켓

전 세계 아웃도어 시장의 혁명적 도전자인 '애슬레저'의 첫 번째 선두주자는 지난 2010년 뉴욕에서 '룰루레몬'이 시작했다. '룰루레몬'의 레깅스가 요가와 명상을 중요시하는 뉴욕 사무직 여성들을 중심으로 유행하기 시작했는데, 이것이 일상복으로 빠르게 확산되면서 미국에 애슬레저 열풍은 시작된다.

여기서 가장 주목해야 할 부분은 지금까지 스포츠웨어 시장이 남성 중심으로 진행되었다고 한다면, 애슬레저 시장은 젊은 여성 소비자들로부터 시작되었고, 이들이 주축이 되어 아직까지 시장을 발전시켜 오고 있다는 점이다.

건강한 섹시미를 발산할 수 있는 레깅스 시장에서 근육질의 몸매, 멋진 복근을 지닌 몸매 나아가 완벽한 핏(fit)을 보여줄 수 있는 패션 의류는 단연코 '애슬레저'뿐이라는 점에 주목하자.

미국 애슬레저 시장을 선두한 주 소비층인 여성들은 체력 관리를 하는 헬스장에서, 자신 혹은 가족을 위한 먹을거리 쇼핑을 위해 슈퍼마켓에 갈 때도, 심지어 아이들이 학교에서 귀가를 위한 픽업 시간에도 하루 중 거의 모든 일상생활에서 애슬레저 의류를 착용했던 것이다.

그리고 여성이 주축이 된 애슬레저 시장에 남성들과 10대 청소년들까지 동참하게 된다.

참고로 미국 애슬레저를 포함한 스포츠웨어 시장의 규모는 매년 성장을 하고 있는 중인데, 2018년에는 전년에 비해 7%가 신장한 1,160억 달러(한화 130조 940억 원)규모로 성장할 예정인데, 이 중에서 어패럴 부분이 790억 달러(한화 88조 5,800억 원)이고, 신발 부분이 370억 달러(한화 41조 4,880억 원)가 될 예상이다. 애슬레저는 기존 어패럴 분야와 데님(청바지) 분야에 영향을 끼치고 있다. 특히, 스니커즈형 신발 시장의 디자인과 소재 분야에 아주 강한 영향력을 행사할 예정으로 보인다.

애슬레저(Ath-leisure), 새로운 스포츠 아웃도어 카테고리가 대세

이러한 애슬레저의 초기 시장은 '요가'나 '필라테스'와 같은 운동에 적합하면서도 화려한 색상의 제품군을 보유한 '룰루레몬'의 레깅스가 대표 주자로서 새로운 유행을 선도했다.

이런 트렌드를 간파한 기존의 다른 경쟁 스포츠 의류 브랜드들이 거의 모두 애슬레저 시장에 뛰어들게 된다. 나이키, 아디다스뿐만 아니라 미니멀한 디자인으로 유명한 '언더아머(Under Armour)'도 꾸준히 애슬레저 시장의 독보적인 시장 포지셔닝을 만들어 가고 있다.

미국 애슬레저 시장은 현재 여러 스포츠 레저 브랜드들이 모두 진입해 있는 상태이고, '룰루레몬'의 뒤를 이어서 풋 락커(Foot Locker), 갭(Gap), 올드네이비(Old Navy) 브랜드 등이 새로운 경쟁력을 지닌 브랜드로 자리 잡아 가고 있다.

한국의 애슬레저 시장은 2015년 정도부터 시작되었으니, 미국과 약 5년의 시간적 차이가 있다고 보인다. 국내 시장 규모를 보면, 2015년 대한민국 애슬레저 시장의 초기엔 4천억 정도 하던 시장 규모가 2018년 말에는 2조 원에 달하고 있다.

이제는 어느 나라 도심에 가더라도 운동의 여부와는 관계없이 운동

복 스타일의 의류를 착용한 소비자들을 길거리에서 쉽게 발견하게 된다. 즉, 지금까지 청년, 중년 할 것 없이 입고 다녔던 청바지나 기본 바지 형태보다는 요가(Yoga) 팬츠 형태의 레깅스를 입고 자유롭게 다니는 젊은 여성 소비자들의 수가 점점 증가하고 있는 것이다.

또한 대다수의 남성 고객들에게는 '스니커즈'나 '후디'가 점차 일상복으로 인식되고 있고, 심지어 첨단 IT 회사에서는 CEO부터 일반 사원까지 스니커즈나 후디 제품을 착용한 남성들을 쉽게 목격할 수 있다.

대한민국 유명 셀럽(유명 연예인)들의 공항 패션을 보면 대부분 레깅스 타이즈와 트레이닝 팬츠를 입은 패션리더들이 늘고 있음을 알 수 있을 것이다.

이런 애슬레저 트렌드는 기존 전통적인 레저 의류로 취급되었던 데님(청바지 계통) 혹은 브라운 슈즈 위주의 아웃도어 길거리 패션을 완전히 바꿔 놓고 있다.

특히, 이러한 트렌드는 몇 년 전부터 패션 운동화 부문에서 두드러지게 나타나고 있다. 최근 소비자들의 취향이 보다 편안하고 장식 없는 단순한 몸에 붙는 '건강미 뿜뿜' 스타일로 변하면서 애슬레저 트렌드는 의류 제품의 주류가 되었다. 당연히 SPA의 주요 브랜드라 할 수 있는 '유니클로', 'H&M', 'ZARA' 등도 애슬레저형 의류를 매주 새로운 스타일로 선보이고 있는 중이다.

21세기 소비자들은 여성 남성을 구분할 것 없이 혹은 젊은 층이건 중·노년층이건 구분 없이 스스로 매력적이고, 젊은 이미지를 주고 싶어 한다.

이들은 실제로 지금 운동을 하고 있는지 아닌지는 별로 중요하지 않다. 시크(chic)한 스타일을 유지하면서 평상시 운동을 통한 자기관리에 열심인 이미지를 주느냐가 더 중요하기 때문이다.

또한 지금 탄탄한 건강미를 풍기느냐 혹은 건강한 젊은 이미지를 보유하느냐가 더 중요하다. 누구나 스스로 체력을 관리하며 자기관리에 철저한 도시인의 이미지를 상대방에게 주고 싶은 욕구가 있다.

만약 이런 이미지 제공에 실패한다면 상대방과의 비즈니스 협상은 상당히 힘이 드는 세상이다. 혹은 기존 알고 있는 사교모임에서 배제될 수도 있는 위험에 처할 수도 있다.

그래서 애슬레저 라인에는 패셔너블한 터치를 가미한 브라톱, 탱크톱, 드레스, 레깅스, 미니스커트, 스웨터, 재킷, 그리고 베스트를 포함하게 되는데, 모든 디자인은 소비자가 가볍고 숨을 쉴 수 있도록 설계되어 있다. 그리고 네오프렌, 스판덱스 같은 소재를 채택함으로써, 소비자들이 실제보다 더 슬림한 핏(fit)을 완성할 수 있도록 도움을 준다.

〈출처: athleta.com, 슬림한 몸매를 자랑하고픈 소비자의 욕구를 잘 드러내어 주는 애슬레저 의류〉

미국의 애슬러져 브랜드들은 평소 운동을 즐기는 20~30대가 주고 객층이지만, 보조 고객층으로 틴에이저(청소년)층을 상대로 마케팅을 강화하고 있는 중이다. 미래의 고객인 틴에이저층 중에서 10대 여학생을 주 타킷으로 한 애슬레저 품목을 점차 늘리고 있는 중이다. 이런 추세는 다른 나라도 동일하게 진행될 것으로 보인다.

🐘 세계 각국에서 발전하는 애슬레저 마켓
(프랑스/호주/영국/캐나다/일본)

이번 주제에 나오는 해외 여러 나라의 애슬레저 시장 내용의 대부분은 'KOTRA&KOTRA 해외시장뉴스'를 참고로 하여 재구성하였다.

무배격

① 미국보다 성장 가능성이 더 커 보이는 프랑스의 애슬레저

프랑스 리서치 회사 BVA에 따르면, 프랑스 15세 이상 국민 중 52%가 일주일에 최소 1회 이상 체육 활동을 한다고 응답했다. 그중 프랑스인들이 가장 선호하는 스포츠는 '러닝(running)'이었다.

관광 차 프랑스에 가 본 사람이라면 길거리에서 쉽게 '러닝'하는 사람들을 발견할 것이다. 성별에 관계없이 길거리 어디에서나 가볍게 러닝을 즐기는 프랑스인들이 참 많다.

'러닝' 이외에 주로 참여하는 액티비티로는 자전거와 수영이 있는데, 이 두 종목 모두 통기성, 흡수성 및 자외선 차단 기능 등이 우수한 기능성 소재를 필요로 하게 된다.

당연히 기술이 뒷받침된 패션웨어인 '테크웨어(Techwear)'의 판매가 꾸준히 증가하는 추세이고, 더불어 애슬레저 마켓도 점점 커지고 있다. 이러한 프랑스 애슬레저 트렌드를 주도하는 소비자 그룹은 밀레니얼 세대로서 러닝 등 다양한 운동을 통해 웰빙 라이프를 즐긴다.

프랑스의 애슬레저(Atheleisure) 마켓 중에서 스포츠신발 시장의 성장이 눈에 띄는데, 이는 학교나 직장 등 어디서나 캐주얼하게 착용할 수 있도록 제작된 디자인 덕분이다. 특히 운동할 때 혹은 평상시 모두 착용이 가능한 스니커즈 중심의 캐주얼 신발의 판매가 증가하고 있다.

판매 통계를 보더라도 프랑스 스포츠신발 판매액은 2012년부터 2017년까지 5년간 33.9% 증가했다. 그중 스니커즈 중심의 캐주얼 스

포츠 신발의 판매액은 39.9% 증가했는데, 다른 선진국과 마찬가지로 애슬레저 마켓의 커짐과 동시에 스니커즈 신발 매출의 증가가 정비례하게 커지고 있다.

향후 프랑스의 애슬레저 시장의 전망은 대체로 밝다. 건강 및 웰빙 라이프에 대한 관심이 계속되고, 기본적으로 '러닝' 등 스포츠를 즐기는 인구는 꾸준히 증가하고 있기 때문에 더욱 발전하리라 예상된다. 특히 점점 커지고 있는 애슬레저 시장 중 여성용 애슬레저 시장에 한 번 더 주목을 할 필요성이 있다.

이런 여성중심형 애슬레저 트렌드를 반영하여 2015년 3월, 스포츠신발 전문 매장 꾸히흐(Courir)는 프랑스 최초로 15~25세 여성들을 타깃으로 한 여성용 스포츠 신발 전문 매장 '세라부티크(CLaBoutique)' 스토어를 개점했다. 젊은 밀레니얼 여성 소비자만을 위한 스니커즈 전문 매장을 개장했다는 것은 그만큼 시장의 성장가능성을 높게 본 결과라고 보인다.

향후 프랑스의 애슬레저 마켓은 스포츠를 좋아하는 10대, 20대 여성을 중심으로 편안함을 주는 '테크웨어(Techwear)'로 발전할 것으로 예상한다.

② 요가 스포츠에 더 비중을 차지하는 호주의 애슬레저

건강한 라이프 스타일을 추구하는 애슬레저 트렌드가 호주에 오면서 특정 스포츠 종목에서 집중적인 발전을 하게 되는데, 이것이 바로 '요가'이다. 이런 현상은 미국과 비슷해 보인다. 일상생활에 입는 요가복의 인기가 꾸준하게 상승하고 있으며, 이러한 트렌드의 선봉에는 당연히 여성 소비자들이 앞장을 서고 있다.

2017년 7월 현재, 호주 전역의 요가 강습 업체도 2,850개에 이를 정도로 요가 스튜디오의 시장 규모가 지속적으로 상승하고 있다. 호주에서 '요가' 산업이 발전하는 이유는 미국에서 발전하는 경우와 비슷하면서도 다르다.

미국의 경우, 뉴욕 시내에 있는 스튜디오를 중심으로 요가가 발달한 반면, 호주의 경우에는 실내 스튜디오에서 벗어나 야외에서 다양한 시도를 하고 있다.

예를 들어, 시드니 오페라 하우스 앞 광장에서 단체로 요가를 하거나, 해변 앞 패들보드 위에서 하는 'SUP' 요가(SUP: Stand Up Paddle 요가), 요가와 춤을 접목시킨 요가 댄스, 반려견과 함께하는 도가(Doga) 등 전통적인 힌두교에서 파생된 요가가 호주에 오면서 호주 원주민의 스토리를 접목시켜 다양한 형태의 요가로 발전하게 된다.

<출처: yogajournal.com, 패들보드 위에서 하는 SUP 요가>

호주의 대표 '애슬레저' 종목으로 '요가'가 가장 빠르게 성장한 결과, 호주 시장조사업체인 '로이 모간 리서치' 자료에 따르면 10명 중 1명은 요가 활동을 하고 있는 것으로 파악된다.

물론 아직까지 호주 축구, 크리켓, 테니스, 골프, 에어로빅과 같이 과거부터 많은 사랑을 받은 스포츠에 참여하는 호주인들도 많지만, 현재 호주에서 요가를 하는 인구는 총 200만 명으로 추산된다. 특히 만 14~34세 젊은 여성의 참여도가 전체 여성의 43%로 가장 높은 것을 보면, 젊은 여성이 향후 호주 애슬레저 마켓을 견인하는 소비자 그룹이 될 것으로 보인다.

호주 애슬레저의 중심에 있는 요가복은 캐주얼룩, 오피스룩으로 자리매김을 했다. 패션피플 여성들의 선택을 받으면서 주로 운동복과 수영복에 사용되던 스판덱스, 라이크라를 비롯한 합성섬유가 견고함과 편안함을 주는 기능성 있는 소재를 중심으로 발달하고 있다.

이런 현상은 전 세계가 동일하다고 보인다.

이 중 호주를 대표하는 스마트 요가복을 제공하는 업체로 '웨어러블 엑스(Wearable X)'가 있는데, 이 업체는 2013년 패션 테크 스타트업으로 설립되어, 뉴욕에 진출해 디자인과 기술을 접목시킨 새로운 의류를 선보이고 있다.

그중에서 2017년 5월, 호주에서 처음으로 출시한 요가복인 '나디엑스(Nadi X)'에 5개의 센서를 부착하여 블루투스로 연결한 스마트폰 앱으로 착용자의 요가 동작을 전송하는 방식으로 인기를 끌고 있다. 사용자의 요가 포지션이 수정돼야 진동 세기가 달라지는 등 요가복에 웨어러블 기술을 접목시켜 인기리에 판매되고 있다.

〈출처: wearablex.com, 호주에서 웨어러블 기술을 접목해서 인기가 높은 요가복.〉

③ 일생생활에 깊숙이 들어온 영국의 애슬레저

영국의 애슬레저 시장은 다른 선진국과 마찬가지로 젊은 밀레니얼 세대가 중심이 되어 견인하고 있다.

운동의 생활화와 관련된 통계조사가 있는데, 영국의 글로벌 시장조사기관인 '민텔(Mintel, http://www.mintel.com)'이 2016년 발표한 자료에 의하면, 영국 소비자의 절반 이상(53%)은 일주일에 한 번 이상 운동에 참여하고 있으며, 일주일에 다섯 번 이상 한다고 응답한 소비자는 16%에 달했다.

특히 16~24세 젊은 밀레니얼 세대의 28%가 주 5회 이상 운동을 한다고 밝혔다. 거의 운동 마니아 수준이라 할 수 있는데, 이들이 영국 애슬레저 시장을 선도하고 있으며, 특히 의류와 신발 소비를 선도하고 있음을 알 수 있다.

영국의 애슬레저 시장을 선도하는 브랜드로는 제이디스포츠(JD Sports: www.jdsports.co.uk)를 들 수 있는데, 이 회사는 온라인 및 오프라인을 통해 글로벌 제조사(나이키, 아디다스 등)의 독점 모델 위주로 판매하며 소비자의 충성도를 획득함과 동시에 자사의 아이덴티티를 구축하는 전략으로 주목할 만하다. 현재 전 세계 유명 도시에 많은 지점을 두고 있다.

영국의 애슬레저 마켓의 특징은 꼭 운동을 위한 의류나 신발을 구입하기보다는 일상복을 대체할 만한 애슬레저 품목을 구매하는 경향이 크다는 점이다.

향후 어느 업체가 일상생활 속에 스며드는 디자인과 성능을 가진 애슬레저 아이템을 더 많이 선보이느냐에 승패가 달렸다고 판단된다.

④ 기능성 의류 중심의 캐나다의 애슬레저

캐나다의 애슬레저(Atheleisure) 시장은 밀레니얼 세대를 중심으로 학교, 직장 등 어디서나 착용할 수 있도록 제작하는 데 주안점을 두고 소비되고 있다. 주로 디자인이 세련되고 개성 있으며, 가볍고 통풍이 잘 되는 기능성 소재로 제작되고 있다.

캐나다를 대표하는 남성용 애슬레저 브랜드로는 '스트롱바디 어패럴(Strongbody Apparel, www.strongbodyapparel.com)'이 있는데, 항균성 나노섬유(Antibacterial nanotechnology)를 개발해 옷이 땀에 젖어도 산뜻하며 악취가 거의 나지 않는 기능성 애슬레저 의류를 제작하여 시장을 선도하고 있다. 그리고 아웃도어 패딩 전문회사인 캐나다구스(Canada Goose)도 2016년부터 애슬레저 시장에 진출했다.

캐나다 내 애슬레저 시장은 국가 내 자체 의류 제조 비중이 미미하기 때문에 대부분 수입에 의존하고 있는 양상이 특색이다. 이 중 나이키(Nike)와 아디다스(Adidas), 룰루레몬(Lululemon)이 캐나다 전체 스포츠웨어 시장의 1/3가량을 차지한다.

전 세계 어디나 비슷하게 저성장과 취업난 등 경제적인 어려움을 경험하고 있는 밀레니얼 세대, 이들은 미래에 대한 투자보다는 현재 만족감을 누릴 수 있는 소비 취향을 선호하고 있다.

캐나다 밀레니얼 소비자들은 기본적으로 세계 최고의 청정 국가의 국민으로서 캠핑, 등산, 수영, 낚시, 카누, 스키 등 여행과 스포츠에 많은 투자를 하며 관련 상품인 애슬레저 및 스포츠웨어를 애용 중이다.

⑤ 지속 성장이 전망되는 일본의 애슬레저 시장

일본은 인구 감소와 절약지향적 소비 강화로 내수가 점점 작아지고 있는데, 유독 홀로 성장세인 시장이 있으니 바로 애슬레저, 스포츠웨어 시장이다.

일본의 경우, 애슬레저 의류는 빠른 건조 기능, 신축 기능, UV 차단 기능 등 다양한 기능의 발달로 차별화되었기 때문에 소비자에게 어필하기가 쉬웠다.

또한 일본 정부는 2005년부터 여름철 냉방 비용 절감을 위해 가벼운 옷차림 근무를 권장한 쿨비즈(Cool Biz) 캠페인도 일본의 애슬레저 시장 확산에 도움이 되었다.

여기에 일본 정부는 성인의 주 1회 이상 스포츠 실시율을 현재 40.4%에서 2021년까지 65%로 늘리겠다는 목표를 세워 놓고, 국민의

무배격

다양한 스포츠 이벤트 및 시설 정비 등을 통한 스포츠 붐의 확산에 박차를 가하고 있는 것도 일본 애슬레저 시장의 성장에 견인차 역할을 하고 있다.

이런 일본 정부의 도움에 힘입어 일본의 애슬레저 시장은 건강 및 웰빙을 중요시하는 소비 동향의 발전에 더해 다른 나라와 달리 발전의 속도가 빠르다. 특히, 올림픽 등 대형 스포츠 이벤트가 애슬레저 시장의 지속적인 성장을 견인할 전망이다. 여기에 일본 SPA를 대표하는 UNIQLO, GU 등의 브랜드는 전 매장에 UV 차단 기능이 있는 티셔츠나 요가 바지 그리고 신축성, 흡수성, 방한성 등 기능성에 더해 일상에서도 스포티하게 입을 수 있는 디자인을 가미한 애슬레저 의류 등을 빠르게 선보이고 있다.

〈출처: deedfashion.com, 아식스·케이스케칸다·안리아레이지 등 여러 업체가
'쿨비즈' 콜라보레이션을 성공리에 진행한 사례다. Jersey meets suits〉

🐘 애슬레저가 뜨면 또 어떤 분야가 발전할까?

애슬레저 시장이 커지면서 또 다른 분야가 발전한다면 어디일까 생각해 보자.

① 보여주고 싶은 비밀, 속옷

나는 애슬러저 시장이 커지면서 함께 성장할 분야로 '속옷(언더웨어)' 시장을 선정했다. 여성 소비자에게 있어서 팬티 라인을 다른 사람에게 보여준다는 것은 가장 끔찍한 일일 수 있다. 몸의 윤곽을 그대로 드러내는 애슬레저 의류의 특성상 자신의 속옷을 알리고 싶지 않은 사람들을 위해 소비자의 불편을 막아 줄 속옷 마켓에 주목하자.

또한 멋지게 갖춰 입는 애슬레저 패션도 중요하지만 얼마나 뒤태가 잘 사는지가 더 중요한 시대이다. 그래서 자신의 몸매 라인과 체형의 결점을 보안해 주는 속옷, 또한 연령대를 불문하고 몸매 보정 기능이 있는 속옷도 인기리에 판매되고 있다. 착용감이 가벼우면서 신축성이 강한 신소재를 사용한 속옷이 인기일 수밖에 없다.

② 뒤태 관련

애슬레저 의류는 자신의 몸에 불만인 소비자들로부터 외면을 받고 있다.

그 이유는 아시다시피 볼록한 배, 처진 엉덩이로 상징되는 관리하지 않은 마구잡이 몸매를 지닌 남성 및 여성 소비자들이 입을 수 없는 의류이기 때문이다.

그래서 이런 소비자 그룹을 위해 자신의 볼록 튀어나온 배를 감추거나, 축 처진 엉덩이를 커버해 줄 수 있는 보정 속옷을 필요로 한다.

애슬레저를 고집하는 소비자들은 볼륨 있는 엉덩이 그리고 긴 다리와 잘록한 허리선을 강조한 패션으로 애슬레저를 선택한다.

당연히 남성이든 여성이든 자신감 넘치는 자신만의 몸매를 드러내기 위해서 좀 더 과감한 뒤태를 강조하게 되는데 이때 필요로 하는 관련 속옷들이 인기이다. 그래서 최근에는 뒤태를 위한 팬티가 상의와 붙은 형태의 바디슈트도 탄생하여 패션성과 함께 여성미를 흠뻑 느낄 수 있게 하여 인기리에 판매되고 있다.

결론만 말하면, 애슬레저 시장이 커지면서 속옷은 가슴보다 엉덩이와 다리에 집중되고 있다는 점을 기억하라.

뒤태가 대세인 세상이다.

남녀를 불문하고 뒤태의 멋에 꽂힌 세상이다.

우선 뒷모습이 아름다워야 미인, 미남 그룹에 속하는 세상이다.

무배격

3. 현금을 없애라

🐘 동전이 필요 없는 핀테크 세상

최근 중국 대도시를 방문한 분들은 모두 아시겠지만, 중국은 현금이나 신용카드를 가지고 다니지 않아도 괜찮은 '무현금 사회'이다. 그냥 자신의 스마트폰만 가지고 거리에 나가면 된다. 거의 모든 상점과 식당 그리고 거리의 자전거, 심지어 길거리 걸인에게도 QR코드가 있다. 스마트폰으로 해당 QR코드만 스캔하면 결제가 바로 완결되는 사회인 것이다. 계산대에 길게 줄 서서 기다릴 필요도 없고, 종업원에게 먹을 음식을 주문하지 않아도 되는 세상!

그렇다!
현금도 필요 없고 신용카드도 필요 없는 캐시리스(Cashless) 사회를 지향하고 있는 중국의 핀테크 세상 이야기다.
그야말로 중국의 모바일결제 시장은 폭발적인 성장세다.

중국 시장조사기관 '아이리서치'에 따르면, 2016년 중국의 모바일 간편결제 거래 규모는 58조 8,000억 위안(약 9,957조 원)에 달했다. 한 해 전 12조 2,000억 원의 5배에 가까운 규모다. 핀테크의 원조라 할 수 있는 미국도, 중국에는 상대가 되지 않는 형국이다.

참고로 미국 시장조사 회사인 '포레스터 리서치'가 추산한 2016년 미국 페이 시장 규모는 1,120억 달러(약 126조 원)다. 중국이 핀테크의 규모를 보면 미국의 80배 수준이다. 중국의 모바일 간편결제 규모가 2019년에는 약 296조 위안(4경 8,547조 원)으로 급증할 전망이라 한다.

믿겨지지 않겠지만 현실이다.

중국은 신용카드 시대를 건너뛰고 바로 모바일 핀테크 세상으로 가장 먼저 가고 있는 중이다.

'핀테크(Fintech)' 비즈니스의 주도권을 잡기 위해 각국이 혈안인데, 그렇다면 과연 '핀테크(Fintech)'는 단지 '금융(Financial)'과 '기술(Technology)'이라는 두 개 단어의 결합일까?

'핀테크'의 핵심은 금융의 주체가 누구인가 하는 것이다.

전통적인 금융업은 기술이 아닌 사람 중심의 비즈니스 모델을 가진 곳이었다. 하지만 미래의 금융업은 사람 중심이 아닌 '기술' 중심으로 바뀌게 될 것이다.

실생활에 깊숙이 파고들고 있는 핀테크의 여러 가지를 살펴보자.

① 간편결제와 간편송금

간편결제와 간편송금 관련 한국의 대표적인 브랜드는 '페이코(payco)', '토스(Toss)', '카카오페이(Kakao Pay)' 등이 있다. 온라인에서 무료 혹은 일정 수수료를 내고 빠르고 간편하게 송금할 수 있는 서비스다. 공인증서나 보안카드를 필요하지 않아 모두들 쉽게 이용하고 있는 서비스다. 소비자 입장에서 가장 많이 사용되는 핀테크의 서비스가 바로 간편결제와 간편송금 서비스다. 스마트워치가 발달하면서 더 쉽게 이용할 수 있게 되었다.

② 로보어드바이저

컴퓨터 알고리즘을 이용하여 온라인 자동 포트폴리오 관리 서비스다. 알고리즘을 이용하여 저렴한 비용으로 자산관리 포트폴리오를 구성해 준다.

③ P2P 대출

대출자의 다양한 데이터를 통해 신용등급을 평가하는 서비스와 함께 돈을 빌려 주기를 원하는 사람과 빌리려 하는 사람을 연결시켜 주어 대출과 투자가 이뤄지도록 서비스를 제공한다.

이처럼 우리가 흔히 사용하는 간편결제와 간편송금 서비스 이외에 여러 가지 새로운 금융서비스가 전개될 예정이다.

스마트폰과 스마트워치 등 다양한 웨어러블 기기들이 발달하면서 사각형 플라스틱 카드의 존재가 점점 위태로워지고 있다. 이는 기존 금융업에도 불안한 형국이 될 가능성도 있어 보인다. 한국의 경우, 인터넷전문은행인 '카카오뱅크'와 '케이뱅크' 등이 출현함으로써 기존 오프라인 금융업에 심대한 변화가 올 가능성도 있다.

첨단 ICT 기술의 발달로 인해 소비자들은 이제부터 현금이나 신용카드를 가지고 다닐 필요가 없어진다. 이는 핀테크 산업의 시작에 불과하다. 앞으로 핀테크 산업은 크라우드펀딩, P2P 대출, 해외송금, 비트코인 등이 소비자 실생활에 아주 가까이 접근함으로써 기존의 금융산업 환경과는 아주 다른 세상을 맞이하게 된다. 이는 마치 아이튠즈가 음악산업을 새롭게 만들어 놓았듯이 기존 금융산업을 새롭게 변화시킬 것이다.

여기서 한 가지 더 큰 변화를 본다면, 은행의 기본적인 입금과 출금 업무는 향후 오프라인 매장에서 찾아보기 힘들 수도 있겠다.

일본과 한국의 경우, 제로금리 시대에 살아가는 도시 소비자는 송금 시 내야 하는 수수료에 불편을 느껴서 집 근처 편의점에 있는 ATM을 애용하고, 최근 인터넷뱅크의 무수수료 정책으로 오프라인 은행에 갈 이유가 점점 없어지기 시작했다.

동네 편의점에서 내 은행 계좌의 돈을 찾거나 공과금 납부 등의 업무를 쉽게 할 수 있는데 일부러 멀리 떨어진 은행 지점을 찾아갈 필요를 못 느끼기 때문이다.

이런 현상으로 인해 전국적으로 ATM을 갖춘 편의점의 숫자는 해가 갈수록 많아지고 있다. 이로 인해 금융의 중심, 은행이 보유한 ATM 숫자를 능가했다. 시간 제약이 있는 은행 ATM보다는 24시간 이용이 가능한 ATM이 있는 편의점의 금융기능이 승리를 하는 '편의점 뱅킹'이 생활화되었다.

일례로, 일본의 경우 편의점 '세븐일레븐'이 보유한 ATM만 2만 4,000여 대인데, 이 숫자는 2017년 말 기준으로 일본 4대 은행이 보유한 전체 ATM의 숫자인 2만 6,000대와 비슷하다. 일본의 전체 편의점이 보유한 ATM 숫자가 2017년 말 기준으로 5만 6,000대를 넘어섰다는 점을 보면 향후 기본적인 금융기능이 은행으로부터 편의점으로 이동했음을 알 수 있다.

한국은 최근 출범한 인터넷전문은행이 전개하는 고객유인정책의 접점을 편의점 ATM으로 잡은 것으로 보이기 때문에 기본적인 금융기능은 모바일로 이동할 가능성이 아주 크다.

점점 더 현금이 필요 없는 세상으로 진일보 중이다.

4. 방과 사무실을 없애라
- 셰어하우스(Share House)와 위리브(WeLive)

🐘 일본은 차세대 주택으로 세대(世代)교류형 주택으로 결정했다

세상이 변하고, 1인 가구가 늘어나면서 전 세계 주택 형태에도 적잖이 큰 변화가 십여 년 전부터 오고 있다. 우리보다 먼저 부동산 침체기를 겪은 일본에서는 주택을 '소유'하겠다는 개념에서 '사용'의 개념이 점점 강해지고 있다.

큰돈 들여서 한곳에서 죽을 때까지 살겠다는 '소유'와 '평생'이라는 주택의 개념이 바뀌고 있다는 말이다.

즉, '공유'라는 개념이 대세다.

이는 비단 일본만의 일이 아니다. 선진국을 중심으로 '함께, 한 공간에'라는 함께 사는 트렌드가 나라마다 각기 다른 이름으로 새로운 주택 문화와 부동산 투자 시장을 형성해 가고 있다.

우선 일본에서는 '셰어하우스'라고 불리는 공유주택이 젊은 직장인, 동호인들을 중심으로 계속 진화, 발전 중에 있다.

한국으로 치면 하숙이나 고시원 개념이라 할 수 있겠지만, 일본의 셰어하우스는 상당히 다르다. 임차인의 프라이버시를 강조해서 각자

106

의 침실을 사용하지만, 화장실이나 부엌 등은 공동으로 사용하기 때문에 임대료가 일반 주택보다 30~40% 정도 저렴하다. 당연히 식사는 각자 알아서 해결하거나 함께 조리해서 입주자들끼리 즐거운 시간을 가질 수도 있다. 심지어 집주인이 구입한 자동차까지도 함께 사용하기도 한다.

사실 일본은 아파트 문화가 아닌 주택 문화가 대부분이어서 한국과 많이 다르지만, 같은 취미나 같은 생각을 갖고 있는 사람끼리 함께 살고자 하는 욕망은 동일하다고 본다.

어느 나라든지 이런 현상은 싱글족이 많고 인구밀도가 높은 도시에서 많이 보여 지고 있다. 이렇게 되면 도심의 문제인 주차난으로부터 어느 정도 해소될 것이고, 자투리땅까지 활용해서 공동주택을 지을 수 있어 국토 활용면에서 이득이 생긴다.

일본의 셰어하우스는 당초 시민단체들이 홀로 사는 노인들의 외로움을 덜어주기 위해 노인과 젊은이가 함께 사는 '세대(世代)공존형' 주택으로 출발했지만 최근 들어 방값도 절약하고 좋은 말벗도 사귈 수 있어 일본의 밀레니얼 세대들 사이에는 큰 트렌드가 되고 있다.

또한 특정한 수요층을 겨냥한 맞춤형 설계를 한 공유주택들이 속속 나타나고 있는데, 예를 들어 1층에는 오토바이 보관소를 만들고, 2~4층에는 태양광이 들어올 수 있도록 설계된 각자의 방 혹은 작업실로 설계된 오토바이 동호인 공동주택이 그 예다. 오토바이 타는 것을 좋아하는 바이크 라이더(bike rider)들은 공동주택에 함께 살면서 주말에 오토바이를 몰고 도심 근교로 드라이브를 즐긴다.

또 다른 예를 들어 보자. 가와사키(川崎)시의 '싱글맘 전용 셰어하우스'는 홀로 아이를 키우는 싱글맘을 위한 셰어하우스다. 이곳에서는 베이비시터(babysitter)를 공동으로 이용할 수 있고 입주자들이 번갈아 가며 어린이를 유치원에 보내는 등 '육아 품앗이'가 가능하다는 점이 특징이다. 혼자 사는 싱글맘을 위한 정말 좋은 사회복지 대책이 될 수 있다.

이외에 아웃도어 스포츠를 좋아하는 젊은이들만을 위한 셰어하우스는 건물 외벽에 록클라이밍 시설을 설치하여 이용하게 하고, 입주자가 가진 텐트, 스키용품 등 아웃도어 용품을 수납할 수 있는 대형 공간도 미리 설계하여 짓게 된다.

또한 취미로 농사를 즐기는 사람들을 위한 셰어하우스에는 일정 규모의 텃밭에서 농사를 지을 수 있게 만든다. 농부가 정기적으로 방문해 농사 기술을 전수해 주고 농가 음식을 만드는 법도 가르쳐 준다. 여기에 영어 강사가 함께 거주하면서 일상생활 속에서 영어를 배울 수 있는 '영어회화 셰어하우스'도 있고, 방음시설을 갖춘 음악가 셰어하우스, 아틀리에가 있는 '미술가 셰어하우스'도 등장했다.

이처럼 여러 사람들이 모여 사는 공동주택의 개념이 일본에서 시작되었다고 한다면 미국의 경우는 좀 다르다.

일본의 한 셰어하우스에 10여 명 사람들이 같이 모여 산다면, 미국의 경우는 주로 두세 사람이 같이 사는 개념이다. 일명 평생 '룸메족'

이라는 친구와 함께 사는 방식이다.

미국 시트콤 드라마인 〈프렌즈〉, 〈골든 걸즈〉 등에서 보았듯이 친구와 함께 같은 공간에서 사는 방식이다. 미국 대도시에 거주하는 밀레니얼 세대를 중심으로 결혼을 미루고 사회적 교류를 하는 공동주택 개념의 삶이다.

그래서 이런 밀레니얼 세대의 주택 트렌드 낌새를 먼저 눈치챈 유니콘 스타트업인 '위워크(WeWork)'가 공동체 생활을 할 수 있는 주거 시설을 만드는 사업인 '위리브(WeLive)' 사업으로 확장 중이다.

먼저 공동 사무실 개념을 글로벌 사업으로 성공적으로 전개하고 있는 '위워크'는 2018년 4월 현재, 21개국 71개 도시에서 지점 242곳의 지점을 운영한다. 입주 기업이 2만 곳, 멤버십 가입자가 21만 명이다.

이제 '위워크'를 운영하는 회사의 차기 비즈니스 프로젝트를 살펴보기로 하자.

2016년 뉴욕에 오픈한 '위리브(Welive)'는, '위워크(Wework)'의 아파트 버전이라고 생각하면 쉽다. 주방, 세탁실 등의 공간을 공유하면서 함께 사는 방식이니 일본의 셰어하우스와 일맥상통한다.

이곳 '위리브'에서는 '위워크'처럼 입주민들의 커뮤니티에 많은 정성을 들인다. 관련 업무 매니저를 상주시켜 입주민들이 서로 쉽게 교류하도록 돕도록 한다. 또한 가족 구성원이 비슷한 가정끼리 이웃으로 배치해 자연스럽게 교류하도록 시스템을 설계한다.

한국의 아파트 문화가 단절된 이웃이라 한다면 이곳 뉴욕 '위리브'는 상호 교신하는 이웃이라 할 수 있다. 즉, 요즘같이 단절된 거주 형태와는 전혀 다른 '커뮤니티'로, 취미생활 등을 공유하는 클래스도 열리고, 식사도 같이할 수 있는 등 새로운 주거 문화를 선도하는 비즈니스가 진행 중에 있다. 현재 새로운 주거 트렌드를 만들기 위한 시험 중이지만, 몇몇 입주자는 마음에 맞는 투자자를 '위리브(Welive)'에서 만나 사업으로까지 연결되는 사례도 있다고 한다.

그렇다면 1인 가구 500만 명인 한국의 셰어하우스 진행 상황을 알아보자.

고시원 같은 공간이 아니라 사람 사는 공간을 갈망하는 1인 가구주들은 새로운 대안으로 '셰어하우스'를 선택하고 있다.

몇 년 전만 해도 1인 가구가 살 만한 집은 원룸 말고는 없어 보였다. 돈이 없는 청년들은 음습한 지하방, 창문 없는 고시원으로 흘러갈 수밖에 없어 보였다. 하지만 청년들은 임대료 부담을 덜면서 삶의 질을 높일 수 있는 대안으로 '셰어하우스'를 받아들이고 있다.

또한 일반적으론 건물주가 '갑'인 부동산 임대사업에서 입주자가 '갑'인 방식이 셰어하우스이기에 더욱 반기는 눈치다. 왜냐하면 셰어하우스의 장점을 간파한 부동산 임대업자들이 너도나도 셰어하우스를 임대사업의 종목으로 선택하고 있기 때문이다.

무배격

과거 부동산 시장에서 돈을 버는 방법은 간단했다.

건물이나 아파트를 사서 값이 오르면 되팔면 그만이었다. 또한 전세를 끼고 구입하는 이른바 '갭투자' 방식으로 시세 차익만 노리면 되었지만 이제는 그 방법이 통하지 않기 때문이다. 이제는 부동산 상품을 임대하고 관리하는 과정에서 수익을 내야 하는데, 셰어하우스를 이런 새로운 투자 전략으로 꼽은 이유다. 당연히 시설과 서비스가 모자란 셰어하우스는 시장에서 퇴출당하기 마련이다. 입주자가 '갑'인 논리가 여기서 형성된다. 앞으로 셰어하우스 사업자는 다양한 시설과 서비스를 제공하고 이를 계속 관리해야 한다. 독특한 셰어하우스 경영전략을 수립, 집행해야 살아남을 수 있는 세상이 되었기 때문이다.

그래서 예전에는 셰어하우스를 대학가 하숙집 정도로 보는 시각이 많았지만 최근에는 대기업이 수익사업으로 100명 이상 입주자를 수용할 수 있는 셰어하우스 전용 건물 건축을 추진하는 트렌드로 바뀌고 있는 중이다. 금융권에서도 크라우드펀딩에 기반한 셰어하우스 사업을 진행하고 있다.

앞으로 한국 부동산 분야는 본격적인 '셰어하우스의 대형화와 내실화' 트렌드가 주류가 된다면 부동산 투기 현상도 어느 정도 잡히지 않을까 생각된다. 선진국은 이미 단순한 셰어하우스에서 한 걸음 더 나아가 삶의 질을 향상시켜 주는 '커뮤니티 센터' 개념으로 진화·발전 중이기 때문이다.

내 사무실이라는 공간이 필요 없는 '공유오피스'

　공유경제의 일환인 '공유오피스' 개념을 사업으로 성공리에 진행하고 있는 '위워크'는 2010년 미국 뉴욕에서 출발했는데, 숙박·자동차 공유경제 스타트업인 에어비앤비(2008)·우버(2009)와 비슷한 시기에 미국에서 탄생한 공유경제의 하나다.

　'위워크'를 탄생시킨 최고책임자들의 본 사업의 탄생 배경은 간단하다. 기존의 사무실을 임대한다는 것은 뉴욕의 고급 소호 오피스 임대업체들이 만들어 놓은 사무실 문화, 즉, 사무실 입주사들 간의 철저히 분리된 공간과 보안을 강조한 기존 사무 문화에 반기를 든 셈이다. 그래서 이들은 철저하게 '공동체'를 '위워크'의 가장 큰 차별화 전략으로 삼았다.

　위워크의 '커뮤니티' 지향 정책은 '위워크'의 최고 책임자가 유년 시절 이스라엘 키부츠(생활공동체 농장)에서 살았던 경험이 큰 역할을 하게 된다. 그래서 '위워크'의 입주자들은 '위워크' 모바일 앱을 기반으로 하여 정보와 사업 기회를 공유하는 플랫폼을 이용하게 된다.

　사회가 복잡해지고 개인은 소외되고 왜소해지는 시점에서 '사람 간의 연결'(human connection)은 상당히 중요한 개념이기 때문에 이들은 모든 오피스를 카페처럼 꾸미고, 입주자들이 자유로운 소통과 사람 간의 연결을 유도했다. 여기에 국내외 거의 모든 기업들이 사무실

　　　　　　　　　　　　　　　　　　　　　　　　무배격

구매 및 관리 비용을 줄이기 위해 노력하고 있어서 '위워크' 같은 공유 오피스 트렌드는 지속, 확장할 것이다.

사실 공유오피스는 대한민국에서 먼저 시도한 개념이다.

한국에서는 1998년부터 명동이나 역삼동 등 1인 창업자들을 위한 '공동사무실'을 도입했던 과거가 있다. 이 사실은 필자인 내가 운영하는 '김앤커머스'의 창업 초창기 시절에 명동에 있던 공동사무실을 이용한 경험이 있기 때문에 누구보다 잘 안다. 그런데 어떻게 미국의 공유 오피스인 '위워크'가 아주 색다른 비즈니스로 자리를 잡게 된 것일까?

1998년 대한민국 서울에서 진행했던 공동사무실 개념은 그야말로 부동산 개념에서 진행되었다. 현재 4차 산업혁명 시대에서 진행되는 '공유' 개념이 아닌 부동산 쪼개기 개념으로 접근했기 때문에 지금은 존재 자체가 희미해진 비즈니스 모델인 것이다.

즉, 건물의 한 층을 임차한 뒤 1인 혹은 5인 이하의 작은 소기업에게 재임차하는 '부동산관리업'을 사업의 핵심으로 보았던 것이다. 5인 이하의 작은 기업을 운영하는 사장 및 직원들을 대상으로 월정액을 받고 사무실을 임대해 주거나, 전화 응대 서비스와 공동 팩스와 회의실 보유 등이 그 당시 서비스의 전부였다. 다시 말해서 창업을 준비하는 예비 CEO, 창업한 지 1년이 채 지나지 않은 신생 소기업을 위한 진정 필요로 하는 서비스가 생략된 채 말이다.

지금은 4차 산업혁명의 시대는 정해진 근무 시간, 고정된 업무 공간에서 일하는 사무관행도 점점 옅어져 가고 세상이다. 원격 근무, 매년 줄어드는 주당 근무 시간 등 노동시장은 계속 변해 가고 있고, 창업가들의 목마른 창업 관련 정보와 인맥을 자연스럽게 만들어 주는 공유오피스에 대한 니즈와 원츠는 계속 발전 중에 있다.

한국에 공유오피스가 인기리에 히트 아이템이 되는 이유는 바로 '소통'을 중요시하는 21세기 경영의 필수 항목이기 때문이다.

사실 지금까지 우리가 알고 있는 사무실의 책상 배치도를 보면 알 수 있듯이 계급사회를 대변하지 않았던가. 병렬식으로 상사가 제일 뒤에 자리를 잡는 방식이 아니었던가! 팀원 간의 대화나 아이디어 공유는 있을 수 없었다. 그저 컴퓨터만 쳐다보고, 상사가 내려주는 명령에만 복종하는 아주 딱딱한 군대 같은 사무실 분위기….

하지만 디지털 모바일 세상이 되면서 '소통'의 중요성을 깨닫게 된 경영자들은 사무실 공간의 변화가 첫 번째로 해야 할 회사 경영의 일환임을 알게 된다. 자유롭고 원활한 소통이 경영에 가장 중요한 요소가 되기 위한 소통형 사무 공간과 분위기를 만들어 가기 시작했다.

이런 사무실 트렌드가 변하면서 '공유오피스'가 사무실 공간혁명의 최일선에 서게 된다. 기존 사무실 공간을 분할하고 통제했던 칸막이를 없애고, 직원 간 대면 접촉이 많도록 재설계한다. 개인 고정공간을 벗어나 프로젝트별로 자리 배치를 하거나, 고정좌석이 아닌 개인 사물함을 사용하여 변동좌석제를 시행하는 열린 공간으로 사무실이 재탄생하고 있는 중이다.

세상은 점점 개별 사무실이 필요 없는 세상으로 가고 있다.

🐘 공유부엌(공용부엌)을 통해 사람의 정을 느낀다

공유경제가 발달하면서 기존에 알고 있던 운송수단(우버), 숙박(에어비앤비), 사무실(위워크) 등 이외에 새로운 분야가 새롭게 선을 보이려고 한다. 그중의 하나가 부엌의 공유 방식인 '공유부엌'이다.

전 세계적으로 '공유부엌'이 등장하게 된 배경을 한번 알아보자.

여러 가지 원인이 있겠지만, 혼자 사는 1인 싱글족이 직접 자신이 먹을 식사를 만들 시간적 여유를 갖지 못함과 동시에 혼자 먹을 식단을 준비할 때 들어가는 무시하지 못할 준비 비용 등 경제적·비경제적인 요인으로 인해 무궁한 발전을 하고 있는 '음식 배달 서비스'와 밀접한 관련이 있어 보인다.

최근 세계적인 시장조사기관인 'IBIS World'가 발표한 통계에 따르면 미국의 2020년 온라인 배달 서비스의 시장 규모는 359억 달러(약

40조 2,080억 원)에 이를 것이라 전망했다.

스마트폰 활용이 생활화된 밀레니얼 세대를 중심으로 전체 배달음식 시장의 73%는 온라인 웹사이트나 모바일 앱을 통해 이뤄진다. 세계적인 투자은행인 UBS가 발표한 자료에 의하면 전 세계 온라인을 통한 식품 주문 판매 배달은 매년 평균 20% 이상 증가할 것이며, 예상 매출액은 2030년까지 3,650억 달러(약 408조 8,700억 원)를 기록할 것으로 예측했다.

최근 미국 포브스지는 '밀레니얼 세대가 배달음식을 더 주문하면 주방이 정말 사라질까(Millennials Are Ordering More Food Delivery, But Are They Killing The Kitchen, Too? June 26, 2018 by Andria Cheng)'라는 칼럼을 발행하기도 했다. 이 칼럼 내용에 의하면 시간은 없고, 편리함만을 추구하는 밀레니얼 소비자들은 그들의 부모보다 주문 횟수가 3배나 되었고, 주요 시장에서 가장 많이 다운로드하는 앱 상위 40위 안에 음식 배송 관련 앱이 선정되었다는 것이다.

그렇다면 앞으로 정말 집에서 조리한 음식과 부엌은 사라질까?
아마 2030년쯤 되면 현재 집에서 조리했던 대부분의 식사가 온라인으로 주문되어 레스토랑이나 중앙부엌(공용부엌)에서 만들어져서 집으로 혹은 사무실로 배달되는 시나리오가 있을 수 있다.

이제부터 공유부엌에 대해 관심을 가져야 할 시간이 다가오고 있다.

한국에서 진행되는 공유부엌은 시골 마을회관에서 나이 드신 어르신들끼리 함께 모여 진행되던 음식을 만들어 먹고 맘껏 떠들 수 있는 신나는 식사 시간에서 비롯되었다. 세월이 흘러 이런 농촌에서 전개되는 '함께 식사하는 문화'에서 도시에서 전개되는 공유부엌의 형태는 많이 다르지 않다. 단지 요리교실 형태로 진화하는 정도라고 할 수 있다.

도시에 혼자 사는 싱글족들에게 하루에도 세 번씩 찾아오는 식사 시간은 참으로 곤혹스러운 시간일 수도 있다. 편의점과 대형마트에서 도시락이나 소량의 포장음식을 구매해 먹기도 하고, 모바일 앱을 통해 색다른 음식을 배달받기도 한다. 하지만 이처럼 풍요로운 서비스에도 홀로 사는 밀레니엄들의 내적인 공허함을 채워주지 못하는 풍요 속의 빈곤이 있으니 바로 식사 시간의 타인과의 교류 단절이다.

실제 오프라인에서 마주 앉아서 밥 한 끼를 함께, 또 즐겁게 먹을 수 있는 시간과 공간을 갈망하게 된다. 식사시간이 단지 배를 채우기 위한 단순한 과정이 아니라 사람과의 관계를 만들어 가는 관계지향 음식 문화의 측면에서 보면 같은 공간에서 함께 음식을 만들고 정을 나누는 그런 곳이 절대적으로 필요로 하게 된다. 이것이 바로 '공유부엌' 탄생의 배경이다.

몇 년 전 도심을 중심으로 전개되었던 '소셜다이닝'이 한 단계 진화한 형태가 바로 '공유부엌' 시스템이다. 이젠 만들고 싶은 음식을 예약하면 필요한 식자재·조리시설을 준비하여 함께 요리해서 나눠 먹는 재미를 만끽할 수 있다.

대한민국 서울의 각 지자체는 이런 트렌드에 편승하여 함께 요리하며 소통할 수 있는 공유부엌 사업에 일정 금액을 지원하고 있다.

사용하려고 하는 동네 회원이 먹고 싶은 메뉴를 예약하고, 재료비 등을 내면 시간에 맞춰 정갈하게 다듬어 놓은 식재료와 요리할 수 있는 조리시설을 제공한다. 해당 시간에 신청한 이웃 주민들과 한 공간에서 음식을 만들어 이웃과 나눠 먹거나, 남은 음식은 집으로 가져갈 수도 있다.

1인 가구와 맞벌이 가정이 늘면서 탄생한 신개념의 식문화 시스템인 것이다. 퇴근 후 집에 돌아와 요리해야 하는 1인 가구와 맞벌이들의 '저녁 있는 삶'을 도와주기 위해 탄생한 것이 한국의 '공유주방' 시스템이다.

단순히 음식을 함께 만드는 공간이 아니라 이웃과 세대가 어우러져 식사를 함께하는 일종의 새로운 식구가 탄생하는 공간이다.

그렇다면 중국에서 최근 진행 중인 공용주방 관련 내용을 보자.

중국 상하이에서는 배달음식에서 이물질이 나오는 등 위생에 문제가 생기자 위생관련 관계당국의 검열을 받아 허가된 '공용주방'이 있어 이곳에서 음식을 조리해서 배달하고 있다. 중국도 음식 배달 서비스를 통해 식사를 해결하는 인구가 크게 늘면서 배달음식의 위생 문제를 공유부엌으로 해결하고자 시스템을 보완하고 있다. 즉, 공용 자전거 시스템처럼 일정 시간 동안 일정 요금을 미리 지불하면 사용이 가능한 '공용주방' 시스템이다.

중국에서 '공용주방'이 가장 발달한 곳은 바로 대학가다. 대학 내에서 10위안(약 1,700원)의 대여료를 내고 사용할 수 있는 '공용주방'이 처음으로 등장한 것은 중국 후베이성(湖北省) 내 대학교다.

이 대학교에 '공용주방'이 제일 먼저 탄생한 이유는 간단하다. 중국 내 대학 기숙사는 대부분 환경이 비교적 열악하여 전력과 가스 공급이 원활하지 않고 별도의 주방이 없다. 그래서 학교 내에서 음식을 만들어 먹기는 더더욱 쉽지 않다. 그래서 먹고 싶은 음식이 있어도 학교 주변에 변변한 식당도 없기 때문에 학생들은 스스로 자급자족 방식을 택한 것이다.

앞으로 전개될 '공유주방'은 중국뿐만 아니라 전 세계는 모두 위생이나 깨끗한 주방 시설을 관리, 점검할 수 있는 공공기관이나 사설기관의 도움을 받아 회원제로 운영되어야 한다.

그리고 일차적으로 음식 재료를 공유하고, 함께 조리해서 먹는 공간으로만 그치지 말아야 한다. 다시 말해, '혼밥 문화' 탈피에만 급급하지 말고, 더 나아가 지역주민 혹은 관련 산업 내 공동의 선을 위한 콘텐츠 제공에 더 심혈을 기울여야 할 것이다. 공유사무실과 공유하우스(셰어하우스)에서 보았듯이 말이다.

그리고 앞으로 공유주방 관련한 시장의 움직임이 좀 더 활발해질 조짐이다. '딜리버루'를 비롯한 세계 대표적인 배달대행사들이 진출한 '공유주방' 시장에 최근 들어 새로운 움직임이 포착된다.

우버에서 성추문으로 쫓겨난 우버의 전 CEO인 '캘러닉'이 2018년 10월, 한국에서 '공유주방' 사업설명회를 비공개로 열었다는 것이다. 그가 생각하는 공유주방의 개념은 빌딩을 매입해 전체를 주방으로 만들고, 이곳에 수십여 개 레스토랑 주방을 입점시켜 음식 배달 서비스를 하는 사업을 말한다. 그는 이런 공유주방 비즈니스를 '클라우드 키친(cloud kitchen)'이라고 명명한 바 있다.

그는 공유주방 사업을 전개함에 있어서 1호점을 미국 LA에 론칭했고, 한국을 아시아 거점 국가로 지정했다. 그 이유로는 한국이 배달앱을 활용한 음식 주문, 배달이 왕성하기 때문이라고 전한다.

이렇게 되면 새롭게 음식점 사업을 하려는 창업자 입장에서, 신규 점포를 내는 데 들어가는 시간과 비용, 투자 리스크를 대폭 줄일 수 있게 된다. 공유 주방을 활용하면 식당 인테리어나 서빙 인력이 필요 없기 때문에 비용은 10분의 1 이하로 줄일 수 있다는 것이 '캘러닉'의 생각이다.

만약 이런 방식의 공유주방이 활성화된다면, 기존 오프라인 음식점은 단지 주문만 받아 공유주방에 주문을 전달하면 된다. 완성된 음식을 배달받아 손님에게 서빙하게 되면 한 건의 주문이 완성되는 시스템으로 바뀌게 될 전망이다.

공유주방이 활성화되면 기존 음식점 사업의 개념에 변동이 불가피해질 것이다. 이는 '공유오피스' 사업의 대표 브랜드인 '위워크'가 개별 사무실 개념에 큰 변화를 주었듯이 말이다.

2장

配(배):
세계는 지금
'딜리버리워
(Delivery War)'

사실 대한민국만큼 배달 문화가 발달한 나라가 있을까!

대한민국에 음식 배달 문화가 본격적으로 들어온 시점은 1950년대 후반부터다.

한국전쟁 이후 본격화된 미군의 음식 문화와 중국 음식이 보급되기 시작한 이후부터 대한민국은 그야말로 전 세계에서 배달 문화의 최고봉이다.

특히, 최근 배달 관련 '어플리케이션'이 발달하면서 각종 배달전문 업체가 대한민국 모든 도시의 골목을 누빈다.

세계 각국에서 대한민국에 놀러온 관광객들이 가장 많이 깜짝 놀라는 첫 번째가 바로… 24시간 배달이 가능하다는 점이다.

당신이 어디에 있던지, 당신이 언제 주문을 하던지 우리의 배달원은 아주 빠르고 신속하게 배달해 준다.

2017년 가을, 나는 호주 '멜버른'으로 날아갔다.

세계에서 살기 좋은 도시로 6년째 1위를 달리는 호주의 '멜버른'.

과연 무엇이 '멜버른'을 세계 최고의 도시로 만들었을까.

19세기 말 금광이 발견되면서 골드러시로 만들어진 도시 멜버른.

멜버른에서 프랑스 파리에서 봤던 네모난 가방을 멘 청년 자전거 배달원을 자주 본다. 캥거루가 그려진 가방을 멘 '딜리버루'맨이 자전거를 타고 도심을 누빈다.

그곳에서 나는 한 가지를 발견했다.

운동과 일, 그리고 사랑과 공부 그리고 사람 간의 만남.

삶의 밸런스!
우리가 요즘 입버릇처럼 말하는 '워라밸'.

1. 선진 기업들의 앞서가는 배송 서비스

🐘 아마존의 앞서가는 남다른 배송 서비스

과연 유통공룡 '아마존'이 만드는 새로운 세상은 어디까지일까?

도서부터 시작된 온라인 쇼핑에서부터 클라우드, 인공지능, 전자, 엔터테인먼트, 식품 등 어디까지 사업의 영역을 확장할까? 아마존이 손대는 모든 산업의 기존 경쟁자들을 조용히 삼켜버리는 무시무시한 '아마존'의 다음 먹잇감은 무엇일까?

① 아마존의 '워드로브(Wardrobe)' 패션 배송 서비스

유통공룡 아마존은 오프라인의 유기농 슈퍼마켓의 대명사인 '홀푸즈마켓'을 인수한 후 빅데이터를 기반으로 한 절대 강자로서 자리매김 중이다.

1980년대부터 오프라인의 강자였던 '월마트'를 조용히 잠재우려는 듯 모든 유통분야에 추가로 진출하고 있다. 그중의 하나가 '프라임 워드로브(Prime Wardrobe)' 배송 서비스로, 아마존의 프라임 고객을 위한 무료배송 서비스를 2017년 6월부터 선보이기 시작했다.

이 서비스는 온라인 쇼핑몰 구매 고객의 불편사항을 말끔히 없애

무배격

줄 수 있는 획기적인 서비스이다. 즉, 아마존 의류패션 매장에서 구입하고 싶은 품목을 선정해서 자신의 집이나 직장으로 배송을 의뢰하면 된다. 구매를 결정하기 전에 '구입 전 입어보기'가 자유로운 고급 서비스다. 즉, 미리 입어 보거나 칼라 혹은 사이즈 등을 꼼꼼히 제대로 체크한 후에 구매를 결정하도록 만들었다. 이 모든 과정을 소비자 입장에서는 전혀 돈을 들이지 않고 이용할 수 있다는 점이 특이하다. 반송은 본인이 제품을 받은 후 7일 이내만 보내면 된다.

본 서비스는 3~15개의 아이템을 한 번에 주문해야만 무료 반품의 혜택을 얻을 수 있다. 하지만 선택한 아이템들이 모두 본인 마음에 들지 않으면 전부 반품해도 누가 뭐라 하지 않는다. 3~4개 이상 아이템을 한 번에 구매 결정할 경우 약 10%, 5개 이상의 아이템을 구매 결정할 경우에는 20% 이상 할인 혜택도 받을 수 있으니 많이 구매할수록 할인을 받는 소비자 중심 시스템이라 할 수 있다.

패션의류, 신발 혹은 액세서리류 등 미리 배송받은 제품의 구매 여부는 반송 라벨이 붙은 상자 안에 이용해서 다시 보내게 되면 구매가 종료되는 아주 쉬운 방식이다. 지금까지 온라인 쇼핑몰의 구매상의 단점을 극복하기 위한 아주 파격적인 새로운 시도라 생각된다.

아마존이 펼칠 패션의류 시장 공략을 위한 '구매 전 입어보기(try-before-you-buy)' 프로그램인 '프라임 워드로브'와 같은 서비스를 전개할 수 있는 경쟁자는 당분간 나오기 힘들지 않을까 생각해 본다.

〈출처: amazon.com, 구매 전 입어 보기가 가능한 '워드로브' 배송 서비스〉

② 아마존의 '차량 트렁크 배달(In Car Delivery)' 서비스

글로벌 전자상거래 업체인 '아마존'은 2018년 4월, 자체 온라인 쇼핑몰에서 구입한 제품 배송을 위해서 새로운 서비스인 '차량 트렁크 배달(In Car Delivery)' 서비스를 미국 시애틀, 샌프란시스코 등 37개 도시에서 선보이고 있다. 이 서비스는 주문한 고객이 집에 안 계실 때, 주문한 제품을 고객의 차량 트렁크에 배송하는 서비스이다.

'인 카 딜리버리' 서비스는 제품을 구매한 고객 부재 시, 고객 차량 트렁크에 구매한 제품을 배달해 주는 서비스다. 단, 자동차 트렁크에 넣을 수 있는 사이즈 제품군이라야 본 서비스를 이용할 수 있다.

이 서비스를 이용하려면 아마존에서 어플을 다운받은 후, 원격차량 관리 서비스와 연결하면 된다. 아직까지는 아마존 프라임 회원으로서 미국 GM이나 스웨덴 볼보사가 만든 자동차 소유주에게만 적용된다.

원격으로 소비자의 차량 트렁크를 열고 주문한 제품을 배송 완료하면 소비자에게 알림 메시지가 자동으로 전송된다. 단, 무게가 50파운드(약 22kg) 이상이거나 금액이 1,300달러(약 140만 원) 이상인 아이템 혹은 제3자가 판매하는 아이템은 '인 카 딜리버리' 서비스에서 제외된다.

아무래도 맞벌이 가정이 많은 미국에서 제품을 안전하게 배달하는 서비스 중의 하나인 '자동차 트렁크 배달' 서비스는 기존의 클라우드 연결 카메라를 이용하여 소비자의 현관문을 열고 거실에 전달하는 '아마존 키(Amazon Key)' 배달 서비스 방식보다는 상당히 앞서간 것임에는 틀림없어 보인다.

이 서비스는 사전 시장 서비스 결과, 아기가 있어 초인종 소리에 민감한 부모나 깜짝 선물을 주길 원하는 사람 등으로부터 좋은 반응을 얻었다고 밝힌 바 있다.

③ 아마존의 집 안까지 배달해 주는 '아마존 키' 서비스

아마존이 2017년 11월부터 고객이 주문한 상품을 집 안까지 배달해 주는 새 배송 방식을 도입한다. 집 밖에 상품을 두고 가는 것보다 고객이 더 편리하고, 분실도 막을 수 있을 것으로 기대하여 아마존에서 새로 도입한 서비스이다.

배달원이 고객의 집 안으로 들어가는 순간의 모습을 실시간으로 고객의 스마트폰으로 전송해 준다. '아마존 키' 앱은 비단 제품 배달원뿐만 아니라, 청소나 계약, 애완견 산책 등을 위해 집에 방문해야 하는 다른 종류의 일에도 활용할 수 있다.

하지만 아마존 키(Amazon Key) 서비스를 이용하기 위해서는 'Amazon Key In-Home Kit'를 설치해야 하는데, 'Amazon In-Home Kit' 서비스에는 무선 카메라인 '아마존 클라우드 캠'이 활용되기 때문에 보안 카메라와 스마트 도어록이 반드시 필요하다. 때문에 반드시 사전에 구입을 해야 하는 불편함이 있다.

또한 일각에서는 우려의 시선도 있다. 물품을 안전하게 배달하는 것이 고객의 프라이버시와 안전보다 중요하냐는 지적이 나온다. 이 서비스는 집주인이 없을 때 배달원이 문을 열고 들어가 실내에 물품을 놔두고 오는 것을 허용하는 것이 옳은 일인지에 대한 찬반 의견이 분분한 것도 사실이다.

| Amazon authorizes the delivery, turns on Cloud Cam and unlocks your door. No keypad code is shared with a driver. | Get confirmation that your package was safely delivered | Watch the delivery live or view a video clip of it after |

〈출처: amazon.com, 집 안까지 배송하여 분실 우려를 없애 주는 '아마존 키' 서비스〉

④ 무인택배함 '아마존 로커(Amazon Lockers)' 서비스

혼자 사는 1인 가구가 점점 늘수록 이들을 위한 배송 방식에 여러 가지 배려해 줄 부분이 상당히 많다. 대부분 늦게 귀가하기 때문에, 주간에 주로 배달 업무를 하는 택배기사와 만날 수 있는 방법이 없다. 당연히 주문한 제품을 집 앞에 두고 가거나, 우편함 근처에 놓고 간다. 분실의 위험성이 상당히 높고, 이런 제품들만을 노리는 좀도둑도 늘고 있다. 이런 택배 제품의 분실과 1인 가구 소비자들을 위해 탄생

한 서비스가 바로 '무인택배함' 서비스다.

2011년 미국 아마존에서 시작된 서비스로서 분실의 염려와 택배 기사와의 시간 약속이 번거로운 소비자에게 안성맞춤형 서비스라 상당히 환영받고 있다. 주로 20~30대 젊은 여성 소비자들은 절대 환영이다.

미국에서는 오프라인 대형마트인 월마트나 가전전문점인 '베스트 바이(BestBuy)' 등은 온라인으로 주문을 받은 제품을 자신들의 업소 입구에 물품보관소 형태로 보관하여 소비자가 편안하게 찾아갈 수 있도록 하는 방식을 채택했었는데, 이 제도를 조금 응용한 것이 무인택 배함 서비스다.

'아마존'으로서는 고객이 찾아갈 무인택배함의 위치를 24시간 영업 하는 편의점과 파트너십을 맺어 물품보관 공간을 이용하게 만든 것이 다. 온라인으로 구매한 제품이 편의점 입구에 있는 무인택배함에 도 착하면, 보관함을 열 수 있는 코드를 구매자에게만 전달하여 찾아가 는 방식이다.

대부분 도시에 사는 1인 가구주인 젊은 여성들은 거의 매일 늦게 퇴 근하기 때문에 택배를 맡길 곳이 마땅치 않은 경우가 많다. 뿐만 아니 라 주간에 배송을 하는 택배기사들의 입장에서 보면, 고객 일정을 맞 춰야 하는 불편함 등 택배 주인을 만나는 것이 너무도 힘이 든다. 배 송하는 분이나 택배를 받는 소비자가 공히 무인택배함 서비스 탄생을 학수고대했기 때문에 최근에는 대부분의 전 세계 도시에서 동일한 서비스를 운영하고 있다.

① Go to your Amazon Locker location

② Find the unique pickup code provided either via e-mail or text

③ Enter the unique pickup code on the Amazon Locker touch screen

④ The locker with your package inside will automatically open

〈출처: amazon.com, 도시에 사는 싱글족을 위한 무인택배함 서비스〉

⑤ 무인택배함 '아마존 허브(Amazon Hub)' 서비스

21세기 유통 비즈니스에서의 사활은 배송, 물류 사업에 있음을 다시금 알려 주고 싶다. 모든 글로벌 IT 대기업들은 물류 사업의 중요성을 간파하고 온라인을 넘어 오프라인까지 앞다투어 사업을 확장하고 있다.

특히 1인 싱글족이 모여 사는 오피스텔을 관리하는 부동산 관리업체의 택배 물량 배송 문제를 그냥 넘어서지는 못할 것이다. 즉, 입주민들이 주문한 택배 상자가 로비에 산더미처럼 쌓이게 되면 자연히 택배 상품 관리는 오피스텔 관리자의 몫이 된다. 당연히 별도의 공간을 마련하기도 어려울 것이고, 각 층, 각 호 어느 방의 택배 물건인지 확인하느라 낭비된 인력과 시간을 누구의 책임으로 돌린 것인가.

그래서 아마존이 세계 최대 전자상거래 업체로서의 면모를 보여주었다.

아마존이 사물함 서비스 '허브(Hub)'를 2017년 10월부터 선보이고 있기 때문이다. '허브'는 빌딩, 아파트, 오피스텔 같은 공용 건물에 사물함을 설치해 주고, 세대별로 택배 상자를 넣어주는 서비스다. '아마존 허브'는 주로 7×7피트 크기의 42개 로커가 제공되고 있다. 여기에 아마존 자사 물품뿐만 아니라 UPS, FedEX, USPS 등 다른 메이저 배송 업체의 배송 물건들도 보관해 준다. 이로써 빌딩의 주민들은 하루 24시간 언제든 자신이 택배받을 물건을 찾아갈 수 있게 된다.

〈출처: amazon.com, 오피스텔 혹은 아파트에 사는 소비자를 위한 무인택배함 서비스〉

이 '아마존 허브'는 24시간 편의점 스토어에서 아마존 택배 물건을

무배격

처리하는 '아마존 로커'와는 다른 서비스이다. '아마존 허브'는 오직 아파트나 빌딩, 오피스텔 주민들만 사용할 수 있다는 점이 다르다고 보면 된다. 이로써 아마존은 온라인으로 상품을 주문받아 물류 창고부터 고객의 문 앞까지 전달하는 직배송 시스템을 구축하게 되었다.

사실 이와 비슷한 택배박스 시스템은 일본에도 있다.

일본 국토교통성 조사에 의하면, 일본 택배 전체 배송량의 20%(약 7억 5,000만 개)가 '재배달 화물'이라 한다. 거의 모든 선진국과 동일하게 1인 가구와 맞벌이 가구의 급증으로 한 번에 배달되지 않는 경우가 늘어난 탓이다.

일본은 택배업계 인력의 약 10%(8만 5,000여 명)가 재배달에 투입되기 때문에, 소비자들이 직접 물건을 찾아갈 수 있는 새로운 배송 시스템을 구축하려고 한다. 그래서 나온 해법이 바로 '택배 박스'다. 주간 시간에 택배 물품을 수령할 수 없는 직장인을 위해 출퇴근길 지하철역에서 직접 물품을 찾아갈 수 있도록 한 시스템이다.

야마토 운수와 일본 우편은 2016년 6월부터 동일본 여객철도(JR동일본)의 각 역에 택배 박스를 설치하고 있는 중이다. 일본 곳곳에 설치된 택배 박스들도 급속히 늘어나고 있는데, 일본 정부는 택배 박스를 설치하는 기업에게 설치비용으로 최대 1,000만 원을 지원하고 있다. 야마토 운수는 2018년까지 도쿄·오사카 등 대도시를 중심으로 택배 박스 3,000개를 설치할 계획이라 발표했다. 이는 미국 아마존의 로커 서비스와 흡사하지만, 정부가 개입했다는 점에서 일본은 미국과 다르다.

'아마존 로커' 서비스가 미국 내 큰 호응을 얻자 한국 유통 업체들도
이를 벤치마킹하기 시작했다. 옥션과 지마켓을 운영하는 이베이코리
아는 편의점 GS25와 제휴해 무인택배함인 '스마일박스'를 선보였는
데, 2017년 9월부터 시행된 이 서비스는 제품을 주문할 때 집 주소 대
신 사물함 위치를 지정하면, 이곳으로 택배가 배달된다. 휴대전화로
전송되는 비밀번호를 입력하면 사물함에서 구입한 제품을 찾아갈 수
있다.

그리고 아파트가 아닌 주거지가 아닌 단독주택이 밀집된 동네, 다
가구나 원룸이 많은 1인 가구의 주거 형태가 많은 지자체는 '무인택배
함'을 설치해 운영하고 있다.

택배기사가 '무인택배함'에 택배 물건을 넣고, 임시 비밀번호를 입
력한 후 수령인의 휴대폰으로 보관함 번호와 비밀번호를 알려주면 당
사자가 편안한 시간에 가서 물건을 수령하는 방식이다.

이처럼 무인택배함의 장점은 단연코 '편의성'과 '안전성'이다. 혼자
사는 여성이거나 매일 늦게 퇴근하는 도시 소비자라면 적극 환영할
서비스임에 틀림없다. 동시에 좁은 골목, 굽은 골목 등 주차하기 어려
운 가구에 배달해야 하는 택배기사들에게도 편의점 앞이나 동네 입구
무인택배함 앞에 정차하는 것은 상당히 편리하고 안전해 보인다.

오월동주(吳越同舟)식 공동배송에 나선 일본의 택배업계

일본은 고령화와 인구 감소로 노동력이 줄어들면서 택배업계는 경고등이 들어왔다. 즉, 극심한 인력난을 겪고 있는 중이다. 일본의 생산가능인구(만 15~64세)는 줄어드는데, 배송해야 할 택배 물량은 계속 늘어나고 있기 때문이다.

일본 운수업은 저임금, 장시간 노동 등으로 인해 청년층이 취업을 기피하는 분야 중 하나다. 신규 취업이 감소하는 데다 고령자 퇴직은 늘면서 실제로 배송 유효 인력이 부족한 상황이다.

이처럼 배송할 택배 물량은 계속 느는 반면, 배송할 인력이 줄어들자 일본 택배업계와 정부는 '공동배송'과 '첨단배송'이라는 새로운 시스템을 구축하였다.

일본 택배 화물의 93%를 담당하는 점유율 1~3위 택배회사들은 이미 3년 전부터 공동배송을 시작하여 2017년 현재, 일본 120개 지역에서 실시 중이다.

이로써 같은 배달 동선(動線)을 각기 다른 회사의 배달원들이 중복해서 다니는 비효율이 없어지게 되었고, 투입되는 인력도 상대적으로 줄어들게 되었다. 즉, 택배 3사가 같은 빌딩 내에 각각 배달하는 것은 비효율적이므로 1개사가 각기 다른 빌딩의 화물을 맡아 일괄 배달하는 구조인 셈이다. 고층빌딩처럼 화물하치장이 없는 경우는 가장 가까운 물류거점까지 각 회사의 트럭으로 운반한다. 그곳에서 1개사의 트럭에 모아서 운송하는 방식이다.

일본 택배업체들이 선택한 '공동배송'은 그야말로 택배업계의 적과의 동침인 '오월동주(吳越同舟)' 방식이라 할 것이다. 경쟁사가 공동으로 배송 시스템을 구축하다니 말이다.

여기에 더해서 일본 정부는 첨단 배송 시스템인 '드론 택배' 방식과 무인차량 배송방식을 준비 중에 있다.

하늘에는 드론을 띄우고, 도로에는 운전자 한 사람이 무인차량을 끌고 가는 '대열주행(隊列走行)' 방식이다. '대열주행 방식'이란 선두 차량에 탄 운전자가 뒤따르는 차들을 무선통신으로 연결해 제어하면서 일정한 속도와 차간거리로 달리는 방식을 의미한다.

그래서 일본 정부는 이를 통해 2020년대에는 도시에서 드론을 통한 주문 상품을 배송하는 시스템을 가동할 예정이다. 이를 위해 해안가에 건설 중인 아파트의 베란다에는 가로세로 각각 1m쯤 되는 정사각형 모양의 '드론 포트'가 설치되는 중이다.

그리고 2020년부터는 일본 고속도로에서 트럭들의 대열주행을 볼 수 있을 전망이다. 자율주행에 따른 무인차량의 대열주행을 통해 그야말로 '사람'이 필요 없는 배송 시스템을 실현하는 최종 목표를 향해 가고 있다.

2010년	2016년
32.2억 개	38.7억 개

[자료원: 일본 국토교통청]

정기적으로 배송하는
서브스크립션 커머스(Subscription Commerce)

2010년 하버드대학교 여자 동창 두 명이 창업하여 성공한, 소비자 맞춤형 화장품 정기배송 서비스인 '버치박스(BirchBox)'로 인해 이때부터 소비자 맞춤형 제품 전달 방식으로 발전하게 된다.

처음에는 여성 소비자를 상대로 하는 화장품 샘플 배송으로 대중적 인기를 얻었다. 이 유통 업태가 바로 '서브스크립션 커머스'다. 매달 잡지가 집으로 배달되듯이 소비자가 원하는 제품만을 선택해서 정기적으로 배달해 주는 맞춤형 정기배송 서비스가 이제는 거의 모든 업종과 업태에서 전개하고 있다.

결정장애를 앓는 소비자, 쇼핑할 시간이 거의 없는 소비자들에게 열광적인 인기를 얻고 있는 '서브스크립션 커머스'는 그야말로 새롭게 떠오르는 배송 서비스다.

'서브스크립션 커머스'는 4차 산업혁명의 발전과 함께 성장하는 새로운 유통 업태이다. 전 세계 서브스크립션 시장은 지난 5년간 매년 100% 이상 성장한 유일한 업태이기도 하다(맥킨지&컴퍼니 조사 결과). 미국에서만 2,500개 이상의 '서브스크립션 커머스' 업체가 정기배송에 각축을 벌이고 있다. 소비자 각자 개인의 취향을 정교하게 파악하고 최적의 선택으로 붙잡기 위해 인공지능과 알고리즘 개발이 한창이다.

2018년 2월에 나온 맥킨지 리포트에는 미국 서브스크립션 커머스 이용자의 경향을 정리한 내용이 나오는데, 그 내용을 보면 지난 5년간 미국 시장에서 서브스크립션 커머스는 연간 100%씩 성장했다.

매출 규모를 보면 2016년 기준으로 $2.6 billion(약 2조 8,300억 원)의 매출을 올렸다. 5년 전보다 시장 규모가 45.6배 성장했다는 의미다. 시장조사 기관인 '크레디트스위스' 리포트에 따르면 서브스크립션 커머스가 2020년에는 5,300억 달러(594조 원)로 성장할 것으로 전망했다.

'서브스크립션 커머스'의 높은 성장률로 인해 기존 대형 브랜드와 제조업체들도 이 시장에 신규로 뛰어들고 있는 중이다. 예를 들면 생활용품 회사인 피앤지(P&G)의 '질렛트 온 디멘드(Gillette on Demand)'와 화장품 전문회사인 '세포라(Sephora)'의 '플레이!(Play!)', 그리고 '월마트(Walmart)'의 '뷰티박스(Beauty Box)' 등이 있다.

취급하는 품목도 화장품을 주로 취급하지만 맥주, 와인, 유아/영아

용품, 콘택트렌즈, 여성용품, 간편식, 반려동물 식품, 면도기, 언더웨어, 의류, 비디오게임, 비타민 등 다양한 품목으로 발전하였다.

미국 '서브스크립션 커머스' 이용자의 구독 성향을 보면, 대부분 도시에 사는 25~44세의 젊은 소비자로서, 소득은 5~10만 달러(연봉 5천 500만 원~1억 1,000만 원)이고, 지역은 미국 동북부 도시에 주로 살고 있다. 이 중에서 여성이 차지하는 비율은 약 60%이며, 이용자의 약 35%는 3개 이상의 서브스크립션 업체 서비스를 이용하고 있고, 다양한 서브스크립션을 이용하는 소비 성향은 여성보다 남성에서 강하게 나타나고 있다.

맥킨지는 이번 조사한 서브스크립션 커머스 이용자의 구독 성향을 크게 3가지로 나누었는데, 다음과 같다.

• 소모품(Replenishment)형 커머스

지속적으로 소모되어 자동으로 구매하게 되는 아이템으로, 주로 성인 남성을 위한 면도날이나 아기를 위한 기저귀 등을 들 수 있다.

• 큐레이션(Curation)형 커머스

새로운 아이템을 통한 놀라움과 즐거움, 또는 의류, 화장품, 식품 등에서 맞춤 아이템을 통해 높은 수준의 개인화를 경험할 수 있는 아이템으로, 주로 개인화된 경험(personlized experiences)을 제공한다.

• 접근권(Access)형 커머스

매달 정해진 금액을 내고 멤버에게만 제공되는 할인 혜택을 받는 방식으로 주로 의류 또는 식품 카테고리에서 시행된다.

이 중에서 <mark>미국 서브스크립션 커머스를 가장 강하게 구독하는 이유는 두 번째인 '큐레이션'형 커머스가 가장 많은 비중(55%)을 차지했고, 개인화된 서비스에 강한 욕구를 보여주고 있다.</mark>

그렇다면 전 세계 큐레이션형 서브스크립션 커머스의 대표 주자를 산업별로 보기로 하자.

① 패션 분야

(1) 미국, 스티치픽스(Stitch Fix)

매달 소비자의 고객의 키, 체형, 취향, 예산, 생활 스타일 등 빅데이터를 분석해 AI가 고객에 맞는 패션 아이템을 추천하면, 그중에서 스타일리스트가 5가지 패션 아이템을 선정해 배송해 주는 개인 맞춤형 큐레이션 서비스를 개발한 업체다. 소비자는 3일간 박스에 담긴 아이템을 사용해 본 후, 구매 여부를 결정한다. 이때 스타일링 비용으로 월 20달러가 들지만, 구매하게 되면 무료이다.

(2) 미국, 베이비갭(Baby Gap) 아웃핏박스

2017년 10월부터 시작된 미국 의류회사인 '갭'이 시작한 유아용 의류 정기배송 서비스다. 3개월 주기로 갭의 스타일리스트가 추천한 100달러 상당의 유아의류가 배송된다. 박스당 가격은 70달러다.

② 식품 분야

(1) 영국, 플레버리(Flavourly)의 크래프트 비어 클럽(craft beer club)

소비자의 입맛에 맞춘 독립 양조장에서 만든 수제 맥주를 매달 10병씩 선정해서 배달해 주는 서비스를 제공하고 있다. 이용가격은 월 20파운드(한화 3만 원)이다.

(2) 영국, 더 치즈 소사이어티(The Cheese Society)

매달 수제 치즈 5가지를 각각 200그램씩 담은 박스를 보낸다. 이용가격은 월 38파운드(한화 5만 6,000원)이다.

(3) 미국, 후크(HOOCH)

음료 및 칵테일을 세계 각국 바(bar)에서 마실 수 있는 서브스크립션으로, 매달 9.99달러 회비를 내면 수백 개 전 세계 술집(회원사)에서 매일 칵테일 한 잔을 마실 수 있다. 술집 입장에서는 저절로 홍보가 돼서 좋고, 딱 한 잔만 마시러 오는 회원이 아니어서 더 좋다. 회원들에게 뉴욕에서 홍콩에 이르는 수백 개의 최고의 바 및 레스토랑에서 무료 음료를 제공한다.

③ 잡화 분야

미국, 배틀박스(Battle Box)

2015년 미국에서 시작된 독특한 정기배달 서비스로서 야외활동을 즐기는 남성 중 생존(survival) 체험을 즐기려는 소비자만을 선별해서 매달 '생존 체험용' 제품을 보내주는 서비스다.

매달 배송되는 '배틀박스' 안에는 홈페이지에 올라오는 '미션'을 해결하기 위한 도구가 들어 있는데, 예를 들어, 핵물질로 오염된 땅에서 살아남기, 미개척지에서 살아남기 등 매달 다른 주제의 '미션'이 제시된다. 마치 영화 〈미션 임파서블〉에 나오는 '미션'을 해결하기 위한 과정을 즐기려는 소비자가 대상이다.

무배격

배틀박스 매달 이용료는 주제와 구성물에 따라 달라지는데, 25~150 달러(한화 약 3~17만 원)가 든다. 전혀 다른 곳에서는 찾아볼 수 없는 차별화된 독특한 경험을 제공하는 서비스이다.

④ 서비스 분야

미국, 펠로톤(Peloton)

2012년 미국에서 창업한 '펠로톤(Peloton)'은 실내자전거와 무제한 운동 수업 동영상 콘텐츠를 결합한 헬스 서비스 '서브스크립션' 회사이다.

처음에는 회사가 지정한 실내자전거를 구매한 뒤 월정액을 내면 실내자전거에 부착된 태블릿PC로 4,000여 개 수업 영상을 시청할 수 있는 권한을 갖는 비즈니스 모델이었다. 하지만 최근에는 자전거를 사지 않더라도 월 12.99달러를 내면 영상을 무제한 이용할 수 있도록 비즈니스 모델을 수정했다.

이 서비스는 한국에서 한창 붐을 이루고 있는 헬스클럽에서 진행하는 스피닝, 그룹 엑서사이즈(group exercise)를 집에서 혼자 할 수 있도록 시스템을 수정한 사업 모델이라 보면 쉽게 이해된다. 트레이닝 선생님이 없어도 4,000여 개 수업의 강사로부터 새로운 동작의 스피닝을 배우면서 운동할 수 있다.

2. 유통공룡들의 식탁 전쟁, 식탁을 점령하라!

🐘 배달혁명에 빠진 유럽 선진국의 푸드마켓

① 배달음식과 사랑에 빠진 프랑스: 파리

지금까지 선진국(미국 혹은 유럽 등) 여행을 했던 분들이라면 오후 6시 이후의 썰렁한 거리 풍경을 예상하거나 혹은 먹거리 문화 실종을 고민하셨을 것이다. 하지만 이제부터 이런 괜한 걱정을 하지 않아도 된다.

최근에 서유럽 혹은 호주 등을 다녀온 대부분의 여행객은 커다란 가방을 어깨에 메고 자전거를 타고 도심을 빠르게 지나가는 배달원들을 목격했으리라 본다. 서유럽이나 호주의 대도시에는 자전거 통한 음식배달업이 새로운 푸드 트렌드로 자리매김을 하고 있다. 음식에 있어서 콧대가 높은 프랑스 대도시에서 배달음식을 찾는 사람들이 늘고 있다는 점이 상당히 이채롭다.

프랑스 파리, 영국 런던, 독일의 베를린 등 서유럽의 주요 도시와 호주의 멜버른에는 젊은 남자가 배달한 맛집의 음식을 식사하는 행위 자체가 주요한 식사 트렌드로 자리 잡고 있다. 스마트폰과 상당히 친

무배격

한 젊은 소비자들은 해당 서비스 관련 배달앱을 이용해서 편안하게 주문한 음식을 맛있게 먹으면서 친구들과 담소를 나눈다.

서유럽과 호주의 대도시의 도심을 누비는 민트색 커다란 가방을 멘 젊은 배달원들은 배달대행업체인 '딜리버루(Deliveroo)' 직원이다. 이들은 아무리 도심이 차량으로 꽉 막혀 있어도 즐겁게 배달할 수 있다. 바로 자전거를 이용하기 때문이다.
현재 파리 등 유럽의 대도시에는 여러 개의 배달업체가 경쟁하기 때문에 점심시간의 도심에서는 분홍색과 민트색, 검은색 가방을 어깨에 메고 자전거를 타고 달리는 젊은 친구들을 많이 볼 수 있다.

〈출처: deliveroo.fr, 자전거를 이용한 음식 배달이 새로운 푸드 문화가 되고 있다.〉

배달음식으로는 피자, 햄버거 같은 패스트푸드뿐 아니라 해당 도시에서 맛집으로 유명한 다양한 음식들을 배달하기 때문에 소비자는 자신의 집 혹은 사무실, 공원 등 원하는 장소에서 맛있는 음식 서비스를 받게 된다. 이들 배달원들은 기본적으로 패스트푸드는 물론 유명 식당과 계약을 맺고 주로 자전거를 타고 3~5가지 메뉴의 코스 요리까지도 배달하고 있다.

우리가 지금까지 알고 있던 파리지앵은 전 세계 음식의 맛을 음미하면서 식사하는 미식가라는 이미지를 갖고 있었다. 그렇지만 이제는 더 이상 아닌 듯싶다.

특히 몇 년 전 프랑스 파리에서 발생한 테러 이후에는 부쩍 음식 배달을 시키는 현상이 늘고 있다. 배달음식은 음식으로 치지도 않던 프랑스 사람들이 요즘 스마트폰을 통한 배달음식을 자연스럽게 받아들이고 있다.

그래서 영국계 딜리버루, 독일계 푸도라(Foodora), 프랑스 업체 알로레스토(Alloresto)와 레스토-인(Resto-In), 벨기에 스타트업 테이크잇이지(TakeEatEasy) 등이 음식 배달 시장을 놓고 치열한 경쟁을 벌이고 있는 중이다. 여기에 세계적인 음식 배달 서비스를 개발한 우버이츠(UberEats)가 프랑스 등 선진도시를 포함해서 일본, 유럽, 중동, 아프리카 등으로 확대하고 있다. 결론만 말한다면, 프랑스 파리는 배달 서비스 전쟁의 중심지가 되었다.

사실 배달음식의 불모지에 가까웠던 프랑스에 무슨 일이 있었던가?

대부분의 프랑스 레스토랑은 배달하게 되면 음식 질도 떨어지고, 인건비 부담 등으로 인해 음식 배달 문화를 거의 찾기 어려웠었다. 하지만 세상의 변화가 프랑스도 손을 들게 만든 듯싶다.

1인 가구와 2인 가구가 늘면서 유명 레스토랑의 음식을 집에서 혹은 사무실에서 먹고 싶은 욕구를 스마트폰 앱의 발달과 유명 레스토랑 업체와 계약한 배달업체가 채워 주기 시작한 것이다. 잇단 테러로 인해 사람들이 많이 모이는 곳을 피하는 경향이 점점 커지기 때문에 더욱더 배달음식을 선호하는 사람들이 늘어 가고 있다.

② 이젠 독일에서도 일상이 된 음식 배달 시스템: 베를린

독일 베를린이나 호주의 멜버른, 동남아시아의 싱가포르 등 선진국 선진도시에서 진행되고 있는 유통혁명 중의 하나가 바로 음식 배달이 대단히 성행하고 있다는 점이다. 적어도 주요 도시에서만큼은 커다란 박스를 어깨에 멘 채 자전거를 질주하는 젊은이들을 수시로 볼 수 있을 것이다. 이들이 바로 음식 배달원이다.

2013년 영국 런던에서부터 시작된 음식 배달 비즈니스의 대표 주자인 '딜리버루(Deliveroo)'는 영국을 비롯해서 유럽 주요 도시 공략에 성공했다. 당연히 경쟁사들이 음식 배달 시장이라는 새로운 비즈니스에 합류하고 있는 중이다.

이런 음식 배달 비즈니스가 정착하게 된 이유는 간단하다.

대도시에 사는 소비자 입장에서 볼 때, 자신이 먹고 싶은 음식을 빠른 시간 내 아주 간단하고 편안하게, 심지어 경제적인 가격으로 먹을 수 있는 혜택을 받는다는 것을 의미하는 것이고, 음식점 점주의 입장에서는 자체 음식 배달부를 별도로 고용하지 않아도 매출이 올라간다는 의미이니 그야말로 윈-윈 시스템 아니던가!

이런 음식 배달 플랫폼 비즈니스는 아주 간단히 몇 번의 선택으로 주문이 완결되는 앱(App)을 이용하면 되기 때문에 현지인뿐만 아니라 타지에서 온 여행객에게도 인기가 높다.

사실 독일은 배달음식보다는 가족이나 친구들이 모여 대화를 하면서 식사하는 것이 전통적인 식사 문화였는데, 최근 3~4년 사이에 배달음식 문화가 이런 문화를 대체하고 있다.

독일 시장조사 '스태티스타(Statista)'—독일 함부르크에서 2007년 창업하여 약 200여 명의 통계 전문가를 보유한 온라인 시장조사업체—에 따르면 2017년 독일 배달 서비스 산업 매출은 36억 5,700만 달러(약 4조 700억 원)로 커졌고, 배달 서비스 이용자는 2017년 현재 1,020만 명에서 2021년에는 1,860만 명까지 늘어날 것으로 예상했다.

독일에서 인기를 끌고 있는 배달업체는 서유럽에서 유명한 '푸도라', '딜리버루', '딜리버리 히어로' 등 10여 개다.

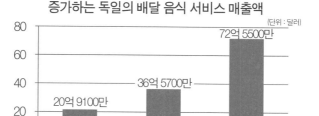

증가하는 독일의 배달 음식 서비스 매출액

(단위 : 달러)

72억 5500만

36억 5700만

20억 9100만

80
60
40
20
0

2015   2017   2021(예상)

자료 : 스태티스타

우리는 이제부터 활성화되고 있는 지금의 음식 배달 시장 이후의 비즈니스는 무엇인가에 대해 주목해야 할 것이다.

유명 경제지인 〈파이낸셜 타임즈〉에 따르면 전 세계 음식 배달 시장의 규모는 약 830억 유로(약 109조 원)에 달한다고 한다. 매년 성장하고 있는 음식 배달 시장에서 1위를 달리고 있는 '딜리버루'가 배달이라는 단순한 비즈니스 모델의 한계를 벗어나 차별화된 1위 기업으로 포지셔닝하기 위해 선택한 넥스트 비즈니스는 무엇일까? 우리는 이 부분을 집중적으로 연구해야 할 것이다.

2016년, 영국 음식 배달앱 서비스 업체 '딜리버루(deliveroo)'가 요리사와 배달원을 로봇으로 대체하겠다는 비전을 갖고 있다고 음식 및 식당 전문 매체 '이터(Eater)'가 보도했다. 또한 단순히 음식점들의 배달을 대행해 주는 것에서 벗어나 직접 음식 조리 사업에도 진출하는 등 사업 모델의 혁신을 꾀하겠다는 비전을 발표했다.

이동식 부엌 사업이라 불리는 '루박스(RooBox)' 비즈니스를 새롭게 론칭한 것이다. 이 새로운 비즈니스는 200여 개의 식당과 협력해서 이동식 주방만을 이용하고 있으며, 현재 10여 개 도시에서 시행 중이다.

이동식 주방은 단지 기존 식당의 배달용 음식을 조리하기 위한 허브로 사용될 예정이며 배달 및 기타 모든 서비스는 '딜리버루'가 담당할 예정이다.

식당 없이 주방만 있는 사업 전략을 통해 테이크아웃 커피전문점처럼 주방에서 주문받는 즉시 음식을 조리해 소비자에게 즉각 제공하는 서비스다. 고객들이 식사를 할 수 있는 공간이 필요 없는, 주방만 있는 이동식 부엌 비즈니스다.

이번 새로운 비즈니스의 핵심은 '딜리버루'가 직접 음식 조리 시장에 뛰어든다는 것이다. 소비자에게는 좀 더 저렴한 가격으로 음식을 만들어 공급함으로써 기존 경쟁사와의 차별화를 꾀하겠다는 의미다.

이를 위해 배달 부문 등의 공급망과 주방의 로봇 자동화 시스템 도입을 추진 중이라 한다. 배달 부문과 주방에 인공지능과 로봇을 도입해 기존 배달원을 점점 대체하고 주방 운영비용을 크게 절감한다는 것이 '딜리버루'의 계획이다. 이렇게 조리를 위한 부엌만을 이용하여 각 레스토랑이 더 많은 음식을 배달할 수 있도록 지원하는 전략이다.

각 음식점이 갖고 있는 부엌을 대체하는 '공유부엌' 사업인 셈이다.

참고로 현재 '딜리버루'의 기업 가치는 20억 달러(한화 2조 1,516억 원) 규모에 달한다.

③ 거리에 등장한 음식 배달 로봇: 런던, 샌프란시스코, 도쿄, 베이징

음식을 비롯한 구매물품 배달 관련한 서비스는 오로지 사람만 할 수 있다는 생각은 이미 오래전에 무너졌다. AI와 로봇의 발전으로 선진도시에서는 이미 음식 배달용 로봇이 탄생하여 실무에 적용되고 있는 중이다.

(1) 영국 런던

에스토니아의 로봇업체 '스타십 테크놀로지스(starship technologies)'는 유럽 최대 음식 전문 배달업체인 '저스트잇(Just Eat)'과 '프론토', 유통업체 '메트로', 물류배달업체 '헤르메스' 그룹 등과 계약을 맺고, 2016년 11월 런던을 시작으로 자사의 자율주행로봇의 보급을 시작했다.

아시다시피 유럽 내 레스토랑의 인건비는 상당히 높기 때문에 배달 직원을 고용하는 대신 로봇을 적극 활용하게 된 것이다. 사람을 채용할 경우 건당 3~6파운드의 비용이 들어가지만 로봇을 도입하면 건당 1파운드의 비용이 들어갈 것으로 예상하고 있다.

스타십 테크놀로지스가 만든 지상이동로봇은 6개의 바퀴를 갖고 있으며, 10㎏의 짐을 싣고 반경 2~3마일의 거리를 자율적으로 이동한다. GPS 신호와 9개의 카메라를 활용해 장애물을 인식해 피할 수 있다. 또한 원격지에서 관리도 가능하게 설계, 제작되었다. 이 배달용 자율주행로봇은 소형 유모차 정도의 크기에 밥솥과 흡사한 외형을 가지고 있는데, 윗부분에 달린 뚜껑을 열면 그 안에 배달음식을 담을 수 있게 되어 있다.

로봇은 레스토랑에서 최대 4.8㎞ 반경 내 지역까지 배달이 가능하며, 1회 배달에 운반할 수 있는 양은 최대 10㎏(쇼핑백 3개 정도의 분량)이다. 결제를 완료한 고객은 문자를 통해 고유한 배달코드를 전송받게 된다. 해당 로봇이 배달 장소에 도착하면 고유 코드를 입력해 뚜껑을 열고 주문한 음식을 꺼내 갈 수 있도록 되어 있다.

로봇의 가격은 1대당 2,000달러(약 230만 원)다. 배달을 전문으로 하는 인간 직원의 급료는 지속적으로 상향 지급해야 하지만 로봇 배달원은 구입 이후 거의 비용이 들지 않아 장기적으로 배달 비용을 줄일 수 있다는 것이 제조사의 설명이다.

[자료원: Melia Robinson/Business Insider] 〈출처: businessinsider.com〉

(2) 미국 샌프란시스코

2017년에 들어서 이 '스타십'의 배달로봇이 미국에서도 선을 보이고 있다.

미국 '도어대쉬(DoorDash)'와 제휴해 캘리포니아주 레드우드시(市)에서 이동 로봇을 이용해 음식 배달 시험 서비스에 들어갔다.

이와 함께 스타십은 '포스트메이츠(Postmates)'와 제휴해 워싱턴 DC에서 특송 서비스를 실시한다. 고객들은 로봇의 이동 상황을 알 수 있으며 도착하면 스마트폰으로 통지해 준다.

또한 미국 자체 스타트업 업체가 개발한 배달로봇도 선을 보이고 있다.

미국 샌프란시스코에서 전개되는 로봇 배달 시스템은 음식 배달 서비스 '잇24(Eat24)'의 서비스인데, 2017년 4월부터 시작했다.

이는 로봇 스타트 업체인 '마블'과 협업으로 전개되는데, 유럽의 배달로봇과 비슷한 형태를 지녔다.

미국 배달로봇은 기존 음식 배달 서비스로 시작하지만 향후 식료품이나 약국, 택배 배달까지 다양한 분야에서 유용하게 투입할 것이라는 점이 기존 배달로봇과 다른 점이다.

'마블'의 공동창업자 3명(왼쪽부터): Jason Calaiaro, Matt Delaney and Kevin Peterson.
〈출처: techcrunch.com〉

무배격

참고로 배달로봇을 제조한 '마블'은 애플과 구글 출신 엔지니어들이 설립한 스타트업으로, 최근 메이븐 벤처스와 앰플리파이 파트너스, 이클립스 벤처스 등으로부터 서비스 개발과 확장을 위해 400만 달러를 투자받은 전도유망한 업체이다.

(3) 일본 도쿄

초밥 배달용 로봇이 2017년 8월 일본 도쿄에 나타났다.

일본에도 빨갛고 귀여운 초밥 배달로봇이 탄생한 것이다. 이 로봇들은 혼잡한 도로 위를 돌아다니며 초밥을 배달한다.

도쿄 로봇 회사인 'ZMP'가 'Ride On Express'와 제휴를 맺고 새로운 음식 배달 차량인 '캐리로(CarriRo)'를 만들었다. 이 '캐리로' 배송 로봇은 높이가 약 90㎝이며 카메라와 레이저 센서 덕분에 사람들이나 물건에 부딪치지 않고 보행자 통로를 자유롭게 다닐 수 있다. 약 60인분의 충분한 음식을 나르고, 낮에는 물론 밤에도 배달할 수 있다.

안전을 위해 '캐리로' 로봇의 이동 속도는 시간당 6킬로미터 수준으로 이동한다. 사람이 빨리 걷는 속도와 비슷하게 설계했다. 이 로봇은 현재는 음식 배달에 그치지만, 향후 소형 화물을 배달하는 등 다용도로 활용이 가능하다. 일본도 로봇을 통한 배달 사업에 본격적으로 뛰어든 셈이다.

하지만 세계 각국의 음식 배달 로봇은 해당 법이 정비되지 않은 경우가 많고, 또한 계단을 올라갈 수도 없고, 배달 지역도 한정적이라는 단점을 지니고 있다. 아울러 보행자들이 로봇을 파괴할 경우에 대한 대책이 아직 뚜렷하지 않은 상태이다.

〈출처: zmp.co.jp, 일본의 배달로봇은 초밥 위주로 배달한다.〉

(4) 중국 베이징

택배로봇

중국에서도 온라인에서 주문한 택배를 대학교 기숙사 바로 앞에서 받을 수 있게 되었다.

무배격

2017년 6월부터 중국 베이징의 유명 대학을 중심으로 택배로봇을 이용한 배송이 시작되었다. 중국에서 첫 번째 택배로봇을 선보인 회사가 바로 중국 2위 전자상거래 업체인 '징둥(JD.com)'이다. 사전에 정해진 트랙을 따라 이동하는 로봇은 최종 도착지 100m 앞에서 주문 고객에게 "1분 뒤에 배송됩니다."와 같은 문자를 전송해 주는 시스템이다. '징둥(JD.com)'이 개발한 택배 로봇 서비스는 우선 칭화대학, 저장대학, 장안대학 등 대학가를 중심으로 넓히는 중이다.

〈출처: straitstimes.com, 중국 징둥의 배달로봇은 기차 모양으로 귀여운 형태이다.〉

또한 '알리바바'도 물류업체인 '차이냐오궈궈'를 통해 택배로봇 서비스를 선보였다. 징둥과 비슷하게 앱을 다운로드하고 배송코드를 입력하면 택배를 수령할 수 있도록 만들었다. 사전 예약을 하게 되면 택배 수령 시간, 장소 등을 소비자가 설정할 수 있도록 설계되어 편리하다.

여기에 알리바바 및 징둥 등은 무인물류창고를 구축하여 택배 부피 측정, 외관 검사, 보관, 송장 및 영수증 부착, 포장 등 전 과정을 인간이 아닌 로봇으로 빠르게 처리하고 있거나 예정이다. 이처럼 중국의 무인택배 시스템과 물류혁명은 놀라울 정도로 빠르게 발전하고 있다.

드론을 이용한 총알배송

우리가 알고 있는 중국인의 '만만디'는 더 이상 존재하지 않는다.

'드론'을 이용한 음식 배송 사업을 시작하려는 회사도 나타났다.

바로 중국판 '배달의 민족'이라 할 수 있는 '어러머(饿了么)'다. '어러머'는 하루 주문량 100만 건을 기록 중인 중국 최대 배달앱이자 중국 최대 배송 물류 플랫폼을 갖춘 회사다.

최근 중국 정부로부터 상하이 산업체 밀집 지역을 중심으로 드론 배송 서비스를 승인받겠다는 계획인데, 이것이 통과되면 고객이 주문한 음식이 20분 이내 집 앞에서 받을 수 있게 된다. 참고로 '어러머(饿了么)'는 2018년 4월, 알리바바 그룹에 의해 인수합병이 되었다. 인수액은 95억 달러(한화 10조 3천억 원) 수준이라 한다.

🐘 다양한 음식 배달 방식이 전개되는 미국

① 레시피 딜리버리 서비스의 원조, 블루에이프런(blueapron.com)

대한민국에서 최근 가장 발달한 비즈니스 중의 하나인 '밀키트&레시피 딜리버리' 서비스의 원조는 당연히 미국의 '블루에이프런닷컴'이다.

이 업체의 서비스는 내가 2015년 미국 샌프란시스코에 갔을 때, 체험했던 서비스인데, 원래 미국에서는 2012년부터 시작되었다. 이미 눈치챘겠지만, 본 사업은 본래 1인 싱글족과 2인 맞벌이족을 상대로 한 맞춤형 비즈니스이다.

우선 업체가 전개하는 세계 최초 레시피 배달 사업의 특징을 알아본다.

한국에서 식품 사업의 대세로 발전 중인 밀키트&레시피 딜리버리 비즈니스가 어떤 항목이 중요한 사업의 핵심인지 그리고 해당 비즈니스의 원조 기업은 어떤 원칙을 가지고 있는지 살펴보는 것은 대단히 중요하다.

- 주간 단위로 미리 레시피를 알려준다. 인터넷 웹페이지 및 모바일로 한 달간의 레시피를 웹과 앱에 올려놓는다. 그리고 일 년 동안 똑같은 레시피를 절대 올리지 않는다는 원칙을 지키고 있다.
- 한 끼는 500~700칼로리 정도 되도록 칼로리를 조절한다.

- 계절별로 신선한 재료만을 엄선해서 제공한다.
- 한 번 음식을 만드는 데 걸리는 시간은 35분을 넘지 않도록 한다.
- 미리 손을 봐서 음식 재료만을 배달하기 때문에 버릴 것이 없어 쓰레기를 만들지 않는다.
- 미국 전역을 무료로 배송해 주는 서비스를 제공한다.
- 고객별로 배송 시간을 미리 정해서 알려줄 수 있다.
- 배송은 냉장박스에 신선한 재료만을 엄선해서 집 앞까지 배송한다.
- 한 끼의 배송비는 10달러이다.

〈출처: recode.net, 레시피를 동봉한 밀키트계의 선두 주자인 블루에이프런〉

지금까지 음식 배달 서비스는 주로 식당에서 판매되고 있는 완제품을 배달하는 수준이었다. 특히 언제 어디든지 찾아가는 서비스를 보여주는 철가방 서비스는 대한민국을 '배달의 최고 국가'로 포지셔닝했다.

하지만 '밀키트&레시피 딜리버리'는 요리를 직접 만들 수 있는 레시피와 함께 계량된 식재료를 '쿠킹박스' 형태로 소비자에게 전달하는 서비스이기 때문에 몇 단계 상향된 서비스라 할 수 있다.

채소 등 필요한 분량만큼만 식사 재료가 손질돼 오기 때문에 레시피를 보고 따라 하기만 한다면 처음 접하는 요리도 30분 정도면 누구나 완성할 수 있다.

음식 체험을 중요시하는 소비자에게는 상당히 사랑받는 서비스이다. 특히 인스타그램 등 자신의 실력을 과시하고자 하는 젊은이들에게는 취향을 저격하는 서비스임에 틀림없다.

미국 싱글족, 맞벌이족을 위한 음식 배달업

'밀키트&레시피 딜리버리' 서비스는 해외에서 더 뜨겁게 달아오르고 있다.

'블루에이프런'은 한 달 동안 미국 내에 약 800만 끼의 '집밥'을 배달한다.

글로벌 시장조사 전문기관 유로모니터에 따르면 세계 가정간편식 (HMR, Home Meal Replacement) 시장 규모는 930억 달러(1조 원)에

달한다. 이 중 미국이 26%로 가장 큰 시장인데, '블루에이프런(Blue Apron)'은 미국 HMR 업체 중에서도 가장 주목받는 기업이다.

1인당 한 끼 식사를 배송 비용을 포함하여 약 10달러에 해결할 수 있기 때문에 고물가에 힘든 젊은이들에게 많은 사랑을 받고 있는 서비스이다.

미국은 현재 치열한 밀키트 배달 시장이 형성 중이다.

2017년 현재 밀키트 배달업체로는 블루에이프런(Blue Apron), 헬로 프레시(Hello Fresh), 홈 셰프(Home Chef), 선 바스켓(Sun Basket) 등이 있다. 2017년 9월 기준으로 선두를 달리는 '블루에이프런'은 전년 대비 점유율이 17% 하락했지만 시장의 40.3%를 점유하며 여전히 선두를 유지하고 있다. 그 뒤로 '헬로 프레시'가 전년 대비 10% 상승한 28.4%, '홈 셰프'가 10.5%를 각각 차지하고 있다.

미국도 한국과 마찬가지로 유통 대기업이라 할 수 있는 '아마존'과 '월마트'도 밀키트 배송 시장에 뛰어들었다. '아마존'은 미국 내 최대 요리 레시피 소개 사이트인 'Allrecipes.com'과 파트너십을 맺고 밀키트 시장에 진출했고, '월마트'도 2017년 12월 밀키트 시장에 진출했다. 여기에 미국 최대 육가공 기업인 '타이슨 푸드(Tyson Foods)'도 가세하여 미국의 밀키트 시장은 매년 성장하고 있다.

② 유명 신문사도 참여하는 음식 배달 사업

미국에서는 신문업체가 음식 배달 비즈니스에 참여했다. 해당 업체는 바로 미국 신문업계 강자인 '뉴욕타임스(NYT)'이다.

구독률 감소로 인한 경영난을 타개하기 위해 음식 재료 배달 사업에 나선 것이다. 뉴욕타임스는 음식 배달 전문 스타트업 '셰프드(Chef'd)'와 손잡고 음식 요리법(recipe)과 함께 요리에 필요한 식재료를 배달해 주는 밀키트(Meal-Kit) 배달 서비스를 2016년 여름부터 시작했다.

물론 뉴욕타임스가 진행하는 배달 서비스는 음식 재료 배달 서비스이기 때문에 기존 완성품을 배달하는 서비스와는 조금 다르다. 물론 이미 '블루에이프런(Blue Apron)'과 '플레이티드(Plated)' 등의 업체들이 오가닉 재료와 레시피를 배달하고 있지만 말이다.

하지만 뉴욕타임스는 2014년 9월부터 운영하는 음식 요리 웹사이트 'NYT쿠킹'에서 이용자들의 주문 데이터를 축적해 놓은 데이터베이스(DB)를 최대한 활용하게 되는데, 마무리는 협력업체인 '셰프드'에서 음식 재료를 48시간 이내에 배달해 준다.

'NYT쿠킹'은 1만 7,000여 개의 요리법을 확보하고 있으며 매월 700만 명이 이용하고 있다고 하니 신규 사업치고는 짭짤해 보인다.

미국 유명 신문업체의 음식 배달업 참여 사례를 보면서, 과연 대한민국 신문업체 중에서 어느 신문이 신규 사업으로 밀키트 배달업에 가장 먼저 뛰어들 것인지 궁금해진다.

③ 오프라인의 최강자, 월마트의 새로운 배달 방식

미국을 비롯한 전 세계 오프라인 유통의 맹주는 단연코 '월마트'다. 이런 월마트에게 눈엣가시처럼 애를 먹이는 업체가 있으니 당연히 '아마존'이 아닌가 싶다. 사실 월마트는 2016년 기준으로 총매출이 아마존에 비해 3.5배 더 많지만, 주식시장에서는 그 반대이다. 주식의 시가총액은 아마존이 2017년 초 이미 월마트의 2배를 넘어섰다. 다시 말해서 주식시장에서는 아마존의 미래기업가치를 월마트보다 높게 평가하고 있다는 소리다.

이렇게 온라인의 강자인 '아마존'이 온·오프라인을 종횡무진하며 월마트에게 도전장을 내미니, 천하의 월마트가 가만있을 수만은 없지 않겠는가. 월마트가 가장 집중적으로 새로 개편한 시스템이 바로 가장 바르고 안전한 '식료품 온라인 배달' 시스템이다. 이를 위해 오프라인 거점을 확충하고, 다양한 배달 시스템을 전개 중인데, 과연 어떤 전략을 채택하고 있는지 알아보자.

(1) 내부인력 활용 방식

월마트 직원이 퇴근 시 인근 고객 집까지 바로 배달해 주는 직원 배달 시스템인 '퇴근 배송제'를 전개한다고 전 세계에 공표했다(2017년 6월 1일).

월마트 미국 내 매장 4,600개의 120만 명의 직원이 퇴근길에 배달해 주는 시스템인 '월마트 직원 배달 서비스(walmart employee delivery service)'는 전자상거래 분야 최강자인 아마존에 반격을 시도하기 위해 기획되었다.

월마트는 아칸소주와 뉴저지주에 있는 매장 세 곳에서 시범 서비스를 한 뒤, 미국 전역으로 확대할 계획이라고 한다. 아마존이 드론(무인항공기) 배송 등 첨단 기술을 이용하는 데 맞서 월마트는 인력으로 대응하겠다는 전략인데, 어떻게 보면 중국의 인해전술을 벤치마킹한 것이 아닌가 싶다.

이 서비스는 미국 전체 인구의 90%가 월마트 매장에서 10마일(16㎞) 내에 거주하고 있다는 사실을 근거로 새롭게 시스템을 구축하게 되었다. 월마트는 이번 직원 퇴근 배송제를 통해 전자상거래 분야에서 게임의 룰을 바꾸는 '게임체인저'를 목표로 하고 있다. 물론 직원의 입장에서는 퇴근 후에도 배송이라는 잔무를 해야 한다는 부담감이 있겠지만 말이다.

(2) 외부 인력 활용 방식

월마트는 차량 공유 서비스 업체인 '우버'와 제휴해 배달 경쟁력을 키우고 있다.

2016년 봄부터 월마트 고객이 온라인으로 식료품을 주문하면 '우버'나 '리프트' 기사가 고객들에게 식료품을 직접 배달하는 서비스를 콜로라도주 덴버와 애리조나주 피닉스에서 시범 실시하고 있으며, 이를 점차 확대해 나갈 예정이다. 배송료는 건당 7~10달러가량으로, 주문 고객은 이 배달비용을 '우버'나 '리프트'가 아닌 월마트에 돈을 지불하게 된다.

그런데 2018년 5월 8일자, 로이터 통신 보도에 의하면 '우버'나 '리프트'가 대행 배송해 주는 월마트의 신선식품 등의 배송 서비스가 제대로 진행되지 않는다고 한다.

보도에 따르면 2년간 시범 운영 후 재계약을 하지 않을 것이라 하면서, 사람 운송과 신선식품 배송은 서로 비즈니스 모델이 달라 문제가 발생한 것으로 전해졌다. '우버'가 사람을 운송할 때 발생하는 문제는 성공적으로 해결했지만, 신선식품 등 물품을 운송할 준비는 안 됐다는 의미로 해석된다. 아무래도 월마트는 다른 방도를 찾아야 할 것으로 보인다.

(3) 온 · 오프라인 O2O 배송 서비스

월마트는 고객이 온라인으로 잡화나 식료품을 주문하면 가까운 월마트 매장에 들러 직접 수령하도록 하는 방식을 수년째 활용하고 있다.

온라인으로 식료품을 주문하고 매장 주차장 등 야외에서 물건을 건네받는 '픽업 서비스'인데, 2018년까지 4,600개 월마트 매장 중 1,000여 곳에서 제공할 계획을 세웠다고 최근 콘퍼런스콜을 통해 밝혔다.

이러한 시스템은 미국 대형마트 업계에서는 보편적인 배송 시스템으로서 대형마트 업계의 2위인 '크로거'의 '클릭리스트(Kroger Click List)' 시스템과 대동소이하다.

고객은 간편하게 온라인으로 주문한 상품들을 픽업 시간에 맞추어 집 인근 월마트 해당 주차구역에 가면, 월마트 직원이 주문한 제품들을 고객이 타고 온 자동차 트렁크에 실어 주는 서비스를 받게 된다.

참고로 '크로거'도 2018년 연내에 자사의 온라인 시스템인 '클릭리스트(ClickList)'를 이용하는 고객들에게 자율주행 로봇배송 서비스를 제공할 것이라고 공표했다. 로봇배송은 로봇 스타트업인 '뉴로(Nuro)'와 제휴해서 진행될 예정이다.

🐘 최근 아시아의 음식 배달 비즈니스

① 일본 식료품 배달 시장은 춘추전국시대

일본은 고령화와 맞벌이 가구 그리고 1인 가구 증가로 인한 식료품 배송 서비스 시장의 빠른 확장으로 인해 시장 선점을 위한 경쟁이 점점 전쟁터로 변하고 있는 중이다. 일본 유통업계는 현재 식료품 택배 전쟁이 대단하다. 대표적인 2강 유통업체는 바로 '아마존 제팬'과 일본 대형 유통체인인 '세븐아이홀딩스'이다.

'세븐아이홀딩스'는 편의점 '세븐일레븐'과 대형마트 '이토요카도'의 모회사인데, 2017년 11월부터 대형 통신판매업체인 '아스쿨'과 공동으로 'TY프레시' 택배 서비스를 시작했다(lohaco.jp).

이 서비스는 한 끼 식사를 만들 수 있는 식재료를 집까지 배달해 주는 서비스다. 도쿄 신주쿠 등 중심지역을 시작으로 2020년에는 수도권 전역으로 서비스 영역을 넓히겠다고 밝혔다.

육류, 생선류, 채소류 등 총 500여 식재료를 이용한 한 끼 식사에 적당한 양만큼 문 앞까지 배달해 준다. 요리에 익숙지 않은 사람들을 위해 매달 50여 개씩 레시피도 제공한다. 역시 미국의 '블루에이프런'의 비즈니스 모델을 가져온 모양새다. 1회 구매 비용은 2인분에 500~1,000엔으로 제공하니 가격 면에서 상당히 경쟁력 있다.

‘세븐아이홀딩스’가 신선식품 배달에 뛰어든 것은 ‘아마존재팬’이 2017년 4월 ‘아마존 프레시’라는 서비스에 대한 반격이다. 이 서비스는 10만 종에 달하는 신선 식품을 최단 4시간에 배달해 주는 것으로, 현재는 수도권 전역으로 배달해 준다.

　일본 야노경제연구소에 따르면 일본의 식품배달 서비스 시장 규모가 2020년 3조 9,734억 엔 규모로 늘어날 것으로 예상했다.

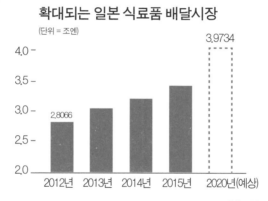

확대되는 일본 식료품 배달시장

(단위 = 조엔)

[자료원: 야노경제연구소]

　기존 일본에서 진행되었던 식선식품 택배 방식은 전통적으로 카탈로그를 우편으로 발송한 뒤 이를 본 소비자가 카탈로그 회사에 전화로 주문하는 방식이었다. 하지만 ‘아마존재팬’과 ‘세븐아이홀딩스’가 자신들의 시장을 넘보게 되자, 식료품 카탈로그 1, 2위 업체로서 회원 수가 각각 10만 명과 14만 명인 ‘다이치’와 ‘오이식스’가 합병하여 회원 수 최대 회사로 몸집을 불려 대형회사와 일전을 치를 태세다.

지금 일본의 식선식품 배달 전쟁은 1회 주문 가격 인하와 배송 시간 단축 등으로 격화되는 양상으로 발전하고 있다. 일본의 식료품 배송 시장은 춘추전국시대와 다르지 않다.

② 중국 대도시에는 삼원색 배달 스쿠터가 달린다

한국과 마찬가지로 최근 중국 대도시도 배달원의 물결로 변하기 시작했다. 베이징과 상하이 등 중국 대도시 길거리에서는 파랑, 노랑, 빨강 유니폼을 입은 젊은이들이 전동 스쿠터를 타고 지나가는 모습을 자주 볼 수 있다.

유럽 등 선진국 음식 배달과 한국 혹은 중국의 음식 배달의 차이점은 단 하나, 배달 방식이다. 전 세계가 음식 배달과 사랑에 빠진 것은 확실하지만, 이 음식을 전달하는 방식에는 차이가 있다.

유럽 등 선진국이 자전거를 이용한다면, 중국 등은 스쿠터를 이용한다. 스쿠터를 이용하는 방식은 한국과 동일하다.

스쿠터 뒷좌석에 있는 커다란 가방에는 다양한 색깔의 배달 업체 로고가 새겨져 있다. 중국 대도시의 음식 배달 업체는 크게 3개 업체로 정리된다.

어러머(餓了麼, 파랑), 메이톼 와이마이(美團外賣, 노랑), 바이두 와

이마이(百度外賣, 빨강) 등 3개 업체가 각기 다른 색상의 유니폼(빨강, 노랑, 파랑)과 박스 색상으로 경쟁이 치열하다. 한국은 아직까지 배달업체 간 로고 및 색상의 차별점을 나타내고 있지는 못한 상태다.

음식 배달 사업은 현재 중국에서 아주 빠르게 성장하는 시장 중 하나인데, 데이터 분석 업체 '어널리시스 인터내셔널' 집계에 따르면, 2018년 중국의 음식 배달 시장은 2,450억 위안(한화 41조 1,100억 원) 규모로 커질 것이라 한다. 참고로 중국 1위 음식배달업체인 '어러머'의 하루 주문 건수는 500만 건이라 한다.

그렇다면 중국 음식 배달 사업의 1위 업체인 '어러머'의 다음번 마켓 선점 전략이 궁금해지지 않을 수 없다. 중국의 음식 배달의 선두 기업은 배달 방식에 '드론'을 채택했다는 점이 특이하다.
IT 기술의 발전을 배달 방식에 적용한 셈인데, '드론' 제조 기술이 세계 선두권에 속해 있기 때문에 이러한 첨단 제조기술을 음식 배달 시장의 선두 자리매김에 적극 활용하고 있다. 2017년 하반기에 선보인 드론의 배달 속도는 최대 시속 65㎞의 속도로 최대 6kg의 음식을 최장 20㎞ 지역까지 배달할 수 있다. 여기에다가 드론이 배달한 음식을 오피스 빌딩 위에서 건물 내 사무실까지 배달하는 별도의 '배달로봇'을 투입할 예정이라 한다.

중국 음식 배달 사업의 1위 업체인 '어러머(Ele.me)'는 최근 스타벅스의 커피 등 음료와 스낵 등의 배달 서비스를 2018년 연내 시작한다고 발표했다.

베이징, 상하이(上海)에서 시작해 점차 중국 전역으로 확대할 계획이라고 한다. 이제부터 갑자기 "짜장면 시키신 분!"이라며 외치는 소리가 아니라 "커피 시키신 분!"이라는 소리를 듣게 될 날이 멀지 않았다. 중국 최대 전자상거래 기업인 '알리바바'의 산하 온라인 음식배달 업체인 '어러머'의 위상이 점점 커지는 모양새다.

'스타벅스'는 1999년 베이징 1호점을 시작으로 중국 시장에 진출한 이래 중국 내 3,400여 개 매장을 운영하며 2017년 기준 고급 커피시장의 80% 이상을 차지하고 있던 콧대 높은 '스타벅스'가 중국에서 커피 배달 서비스를 진행하는 이유는 간단하다.

첫째, 미국과 중국의 무역전쟁 여파로 미국 커피인 '스타벅스' 브랜드에 대한 반감이 있는 중국 소비자가 늘어남에 따라 고육책으로 배달 서비스를 채택한 것으로 보인다. 둘째, 2017년 9월에 설립된 토종 커피업체인 '루이싱(瑞幸, Luckin)' 커피가 스타벅스 커피 가격보다 저렴한 가격 책정, 스마트폰을 통한 간편 주문 그리고 스쿠터를 통한 30분 이내 배달 서비스 등을 통해 빠르게 시장점유율을 높이고 있기 때문이다.

어쨌든 이제부터 중국 대도시에 가보면 삼색의 스쿠터를 탄 청년들을 자주 볼 수 있을 것이다.

이제부터 시장점유율이나 거창한 마케팅 전략보다 더 중요한 것이 바로 신속한 '배달'이라는 서비스 경쟁이다. 이 서비스 경쟁에서 패하는 시점은 글로벌 경쟁에서 패하는 것과 같은 것으로 지금까지 가격이나 상품에 국한되었던 경쟁의 잣대가 변하는 세상으로 가고 있는 중이다.

③ 동남아시아에도 배달족이 나타났다

(1) 싱가포르

아시아권에서 풍요로운 삶을 영위하고 있는 도시국가인 싱가포르에 2012년 독일에 본사를 둔 글로벌 음식배달업체인 '푸드판다(www.foodpanda.sg)'가 진출하면서 음식 배달 시장에 불을 지폈다.

아시다시피 대부분의 중화권과 동남아시아권에서는 아침 식사를 집에서 하는 대신 외식을 주로 하고 있다. 아침 식사를 간단하게 식당에서 주로 하게 되는 아침 식사 풍경에도 조금씩 변화의 바람이 일고 있다. 바로 스마트폰 앱을 통한 음식 배달 시장이 커지면서 집이나 사무실에서 음식을 바로 먹을 수 있기 때문이다.

(2) 태국, 인도네시아, 말레이시아, 베트남

음식 배달 열풍은 태국이나 말레이시아·베트남 등 다른 동남아 국가들도 마찬가지다. 동남아시아에서 두각을 나타내는 배송전문업체는 '그랩'이란 기업이 있는데, 이 업체는 최근 미국 차량 공유 서비스 '우버'의 동남아시아 사업을 인수한 바 있다. 동시에 우버의 음식 배달 서비스 '우버이츠'도 함께 인수했다.

홍콩 사우스차이나모닝포스트(SCMP)의 최신 보도에 따르면, 그랩이 제공하는 '그랩푸드'는 모바일 결제, 차량 제공 서비스를 동시에 제공하면서 음식 배달, 모바일 결제 등으로 사업을 확장하고 있다.
'그랩'은 말레이시아 · 인도네시아 · 태국 · 베트남 등의 8개 동남아 국가 180여 개 도시에서 오토바이 · 택시 · 카풀 서비스 등을 이용하며, 2016년부터 자체 온라인 핀테크 결제 시스템인 '그랩페이'를 통해 고객층을 늘리고 있다.
동남아시아는 중산층과 젊은 소비자가 증가하는 최상의 유통 환경을 지니고 있기 때문에, 음식 배달 사업은 매년 두 자릿수의 성장을 예상하고 있다.

또한 '그랩'의 성장가능성을 미리 눈여겨본 중국의 우버인 디디 추싱(Didi Chuxing)과 일본의 소프트뱅크로부터 2017년 $2billion(약

2.2조 원)의 투자를 받은 것으로 전해졌다. 이로 인해 2012년 설립 후 단 5년 만에 회사 가치가 $6billion을 상회할 것으로 전망되고 있다.

'그랩'은 동남아시아의 36개 도시에서 5천만 개 앱을 다운로드한 유저들과 1,100만 명의 드라이버들을 플랫폼으로 보유하고 있다. 그랩의 서비스는 면허택시와 개인차량에 주로 초점이 맞추어져 있지만, 일부 국가에서는 오토바이 택시, 셔틀버스 및 카풀을 통한 서비스를 제공한다.

한국의 대기업(현대자동차, SK, 삼성전자, 미래에셋대우, 네이버 등)들도 차량 공유 사업과 신선식품 배달 사업을 하는 '그랩'에 직접 투자를 하거나 전략적 제휴를 맺고 있다. 한국의 대기업이 동남아시아 업체에 직접 투자를 하는 이유는 아시다시피 전 세계 곳곳에서 '승차 공유 서비스' 비즈니스가 매년 성장을 하고 있지만, 한국은 아직까지 예외이기 때문이다. 그리고 각종 규제 장벽에 가로막혀 있는 차량 공유 경제의 커다란 시장을 놓치고 싶지 않기 때문이다.

④ 한국의 음식 배달 비즈니스 현황

2018년 한국의 음식 배달 시장 규모는 약 15조 원으로 추산된다고 한다. 음식 배달 O2O(온라인·오프라인 연계) 시장은 전체 시장 규모의 20%에 불과하지만, 그만큼 배달앱 시장의 성장 가능성이 크다고 할 수 있다. 1950년대부터 지켜온 배달 서비스는 다른 나라의 추종을 불허할 만큼 발달한 국가이기 때문에 질적인 시스템만 갖춘다면 세계 1위의 배달 국가가 될 가능성도 높아 보인다.

한국의 음식 배달 비즈니스는 기존 다른 나라와 비교하면 많이 앞서간다.

그야말로 자장면 배달부터 시작해서 거의 모든 음식점이 배달을 해왔던 시장이기에 해외 선진국 사례와 비교가 안 될 만큼 성장을 했다. 그래서 대한민국은 기존 음식 배달 시장에 새로운 방식의 주문이 새로운 시장을 형성해 가고 있는 중이다. 손가락 하나 까닥하지 않고 주문을 할 수 있는 방식이다. 그것이 바로 '음성인식' 기술을 이용한 주문 방식이다.

즉, AI 기술의 발전으로 인해 AI 스피커가 있는 가정에서는 스마트폰을 통한 음식 주문이 아니라 그냥 앉아서 목소리로 주문을 하는 방식이다. 이러한 첨단 주문 방식의 대표 주자는 '카카오'와 '네이버'라 할 수 있다.

'카카오'는 자사 AI 스피커인 '카카오미니'의 전화 주문을 추진 중에 있고, 네이버측은 AI 플랫폼인 '클로바(Clova)'가 탑재된 AI 스피커로 '배달의 민족' 등록 업체의 배달음식 주문이 가능한 서비스를 출시했다. 결제도 자체 개발한 온라인 핀테크 기술을 이용하여 연동할 것으로 보인다.

한국만의 독특한 새벽배송 전쟁

　다른 나라보다 한국은 '새벽배송'이라는 새로운 배송 서비스 전쟁으로 후끈 달아올랐다. 한국의 주요 도시에 사는 시티슈머(citysumer)를 위한 아침 식사 혹은 식사재료 배송 서비스 전쟁을 말한다. 평일 별도의 시간을 내서 장보기가 힘든 맞벌이 부부나 1인 싱글족을 위한 아침밥 서비스가 새벽배송 시장을 달구고 있다.
　이런 새벽 배송 전쟁은 스타트업 업계에서 먼저 시작되었다.

　모바일 프리미엄 신선식품 마트를 슬로건으로 한국에 처음 밀키트 비즈니스를 선보인 벤처회사는 2015년 1월, 다양한 식재료와 간편식 등을 오후 11시까지 주문하면 다음 날 오전 7시 전에 배송하는 '샛별배송'으로 젊은 주부들을 회원으로 끌어들여 한국에 '식재료 새벽배송'의 서막을 알렸다. 회원제로 운영하는 식재료 배송 방식의 비즈니스 모델은 미국의 '블루에이프런닷컴(BlueApron.com)'이다. 이런 식재료 배송 서비스의 위력을 미리 간파한 유학파 출신의 여성 CEO가 한국에서 시작한 1인 혹은 2인 가구를 위한 밀키트 공수 방식인 새벽배송 시스템은 한국 밀키트 비즈니스의 새로운 지평을 열었다고 생각된다.

　이런 새로운 밀키트 시장과 새벽배송 시스템의 발전가능성을 옆에서 보게 된 한국의 대기업들이 그냥 지나칠 리 없다. 지금은 유통 분야 대기업을 비롯한 대부분의 식품 관련 회사들이 앞다투어 뛰어든 밀키트 시장의 규모는 해가 갈수록 커질 전망이다.

최근에는 롯데슈퍼, GS리테일 등 유통 대기업뿐 아니라 CJ대한통운 등 배송 전문기업까지 새벽배송에 뛰어들었다. 여기에 한국의 대표 유통기업인 '이마트'도 온라인몰에서 주문받은 상품을 이른 아침 배달해 주는 '새벽배송' 시장에 뛰어들었다. 기존 새벽배송 서비스는 가정 간편식, 반찬, 채소 등 식품 위주였지만 이마트는 온라인몰에서 판매하는 5만여 개 제품의 대부분을 배송해 주는 차별화 전략을 진행하고 있다.

한 끼 식사를 만들 수 있는 재료들을 손질된 상태로 레시피와 함께 배송하는 서비스인 '밀키트' 시장은 신선하고 건강한 재료를 사용한 '건강한 식사'라는 이미지와 건강한 식단과 간편함을 원하는 소비자들의 요구가 맞아떨어지면서 밀키트 새벽배송 시장은 점점 더 확대될 전망이다. 일본에서 전개되고 있는 식료품 배달 시장 선점의 전쟁이 한국에서도 똑같이 전개되고 있다.

格(격):
인간 중심의
커머스 -
품격커머스

지금부터 이 책의 가장 하이라이트 부분인 제3장 '격'에 대해서 이야기하고자 한다. 이번 장에서 가장 심도 있게 다룰 주제는 '소비자의 신뢰'이다. 당신이 21세기형 소비자로부터 신뢰를 얻고자 한다면 무엇을, 어떻게 준비해야 할까?

주위를 둘러보면 사회, 경제, 정치, 문화, 교육 분야 등 거의 모든 분야에 질 낮은 콘텐츠, 인물과 정보로 흘러넘친다. 더 이상 역겨워 받아들이지도 못할 정도로 차고 넘친다.

나는 지난 30여 년간 전 세계 유명 기업과 유명 경영자 사례를 주로 연구했다. 동서고금을 막론하고 많이 배우고 좋은 재능을 가진 사람들이 권력과 재물에 눈이 어두워 명예롭지 못한 삶을 사는 사례를 너무 많이 보았다.

반면에 멋진 인생, 품격 있는 인생을 살아온 사람들, 지혜로운 사람들은 나름 규칙을 정하여 자신을 절제하고 통제에 강한 삶을 살았다.

의식주, 라이프 스타일 등 '소비'와 관련된 삶을 살아야 하는 도시 소비자는 나름 쇼핑의 원칙과 좋은 쇼핑 습관을 가져야만 질 낮은 삶으로부터 탈출할 것이며, '품격 있는 소비'와 '할수록 즐거운 일'을 병행하여 균형 있는 삶(워라벨)을 살 수 있을 것이다. 결론을 말씀드린다면 우리네 삶에 진정 필요한 것은 '품격'이다.

앞으로 전개되는 21세기형 품격 있는 소비는 '의식주 + 여가'가 전반적으로 진행될 것이고, 이는 브랜드 가치보다는 더 큰 의미로 우리에게 다가올 것이다.

인간 중심의 커머스 - 품격커머스

그렇다면 우리는 '품격 있는 소비'에 대해서 좀 더 알아봐야 한다.
과연 '품격 있는 소비'란 무엇일까?
나는 '품격 있는 소비'를 대표하는 삶을 세 가지로 선정하고 싶다.

첫째, 슬로 라이프,
둘째, 미니멀 라이프,
셋째, 무소유 라이프.

이런 '품격 있는 소비'는 기성세대에서 진행되지는 않을 듯싶다. 내 생각에는 공유경제에 익숙한 젊은 2030세대를 중심으로 먼저 전개될 가능성이 높다. 명품의 의류와 액세서리를 구매할 수 있는 경제력을 지닌 5060세대와는 달리 2030세대는 고가 패션의류를 구입하기보다는 당연히 '공유'라는 제도를 최대한 활용할 것이다.

'소유'라는 개념에서 벗어나 '공유와 체험'이라는 키워드에 더 친밀한 이들에게는 당연한 쇼핑 방식이 아닐까. '미니멀 라이프'와 '체험'이라고 하는 두 가지 키워드를 기억해야 하는 세상이다.

1. 의(衣)

🐘 외모에 적극 투자하는 남성 그루밍족의 탄생

품격 있는 소비 중 의류, 패션 분야에서 두드러진 특징 중의 하나는 바로 남성들이 패션과 피부 그리고 외모에 신경을 쓰기 시작했다는 점이다.

일명 그루밍족이라고 불리는, 패션과 미용에 아낌없이 투자하는 남성들이 늘어나고 있다. 원래 그루밍(Grooming)이란 마부가 말을 목욕시키고 빗질하는 것을 뜻하는데, 3040 남성들 사이에서 외모를 잘 갖추어야 성공할 수 있다는 인식이 보편화되면서 젊은 남성 사이에서 외모에 대한 관심이 급증하고 있다.

가장 눈에 띄는 변화는 당연히 정장 수트를 판매하는 매장의 증가 속도이다.

정장을 주로 판매하는 남성패션 전문 편집숍이 늘어나고 있고, 패션뿐만 아니고 뷰티 부문까지 남성용 화장품과 남성용 액세서리 등 관련 시장이 점점 커지고 있다.

지금까지 여성만 가꾸던 시대가 지나가고 남성의 외모를 주요한 본

무배격

인만의 경쟁요소로 생각하는 남성 소비자들이 늘어남으로써 패션을 넘어서 속옷, 피부 관리, 화장품에 이르기까지 관심 영역이 점점 넓어 지고 있는 추세다. 이러한 추세에 발맞춰 한국의 유명 백화점들은 남성 전용 매장을 적극 넓히고 있고, 남성패션의 새로운 복합 라이프 스타일 매장으로 변신 중에 있다.

- 정장수트
- 이미용
- 남성전용 헤어숍(바버숍)
- 패션양말
- 화장품
- 스파

이들은 피부 노화를 일으키는 주범인 담배와 술을 멀리한다. 그 대신 마사지를 받거나 몸에 좋은 차를 즐겨 마신다. 동시에 일주일에 3~4회는 헬스장에서 본인의 몸을 만들거나, 러닝 등 야외활동을 통해 밖으로 보이는 몸매 관리에 충실하다.

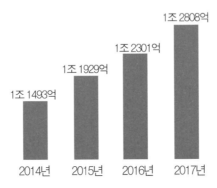

한국 남성 화장품 시장 규모 추이
(단위 : 원)

- 1조 2808억
- 1조 2301억
- 1조 1929억
- 1조 1493억

- 2014년
- 2015년
- 2016년
- 2017년

[자료원: 유로모니터]

　글로벌 시장조사업체 유로모니터에 따르면 2017년 한국의 남성 화장품 시장은 1조 2,808억 원 규모로 성장했고, 2020년에는 1조 4,000억 원으로 커질 것으로 전망했다. 한국의 화장품 업계는 프리미엄급 남성 그루밍 화장품 신규 시장을 먼저 차지하기 위해 신제품을 계속 출시하고 있다.

🐘 격을 아는 남성의 새로운 아지트, 바버숍

　격식을 갖추고 나름의 멋진 라이프 스타일을 유지하려는 남성 소비자들이 특별해지기 시작했다. 이 중에서 바버숍의 진화는 특별해 보인다.

바버숍은 미국의 뉴욕, 영국의 런던, 프랑스의 파리 등 글로벌 시티 뿐만 아니라 한국의 서울에도 입성하게 되었다. 서울의 경우는 한남동, 압구정동, 홍대 같은 패션트렌드 일번지를 집중적으로 파고들고 있다. 바버숍에서 머리만 손질한다고 생각하는 것은 접어 두는 것이 좋다.

기본적으로 2:8 혹은 3:7 가르마 있는 머리 스타일링 그리고 드러내는 이마, 일자로 자른 구레나룻 만들기가 기본 머리 스타일 만들기다. 여기에 정통 습식 면도를 해 준다. 습식 면도란 뜨거운 수건을 5~10분 정도 얼굴에 감싼 뒤 하는 면도를 말한다. 이때, 습식 면도와 함께 눈썹과 구레나룻도 다듬어 주게 되고, 이어서 전문적인 두피 상담까지 해준다. 최근에는 가볍게 위스키를 마시거나 맞춤 정장이 어울리는 넥타이와 양말, 향수, 면도 도구 등도 구입이 가능하게 디스플레이 되어 있다.

최근 인기리에 사업이 확장되고 있는 바버숍은 2011년 뉴욕에서 시작되었다. 뉴욕을 대표하는 직업군인 금융인, 변호사, CEO 등 전문직 종사자들에게 신뢰감을 주는 남성 전용 이발소가 '영국 신사 스타일'을 추구하는 남성들에게 새로운 트렌드가 되었다.

사실 한국은 60~70년대에 골목마다 있었던 이발소가 어느덧 자취를 감춘 상태다. 추억의 이발소는 여성들의 머리 손질 관리점인 미용실에 남성 고객을 빼앗기게 되고, 학생들의 두발자유화로 인해 시간이 지나면서 점점 설 자리가 좁아졌다. 또한 90년대 생겨난 퇴폐이발소로 인해 기존 이발소 이미지와 브랜드에 심각한 타격을 입게 되어 미용실이 남성 머리 손질 장소로 대체되었다.

하지만 이젠 쭈뼛거리며 들어갔던 미용실을 졸업하고자 하는 남성 소비자들이 늘어나면서 새로운 제2의 이발소인 바버숍 전성시대로 진입하고 있는 중이다.

내가 2017년, 호주 멜버른에 시장조사를 갔을 때, 수많은 바버숍과 패션양말 스토어를 조사하면서 선진국에는 남성패션의 하나로 바버숍이 한 축을 이루고 있음을 알게 되었다.

호주 멜버른의 바버숍은 의자 3~4개 정도 있는 아담한 형태로서 한국처럼 고급 이미지와 고가의 이용료가 아닌 방식이다. 물론 헤어스타일에 어울리는 넥타이, 와이셔츠 등을 판매하지도 않는다.

호주 멜버른에서는 정장 패션에 패션양말을 신는다는 점이 특이했었는데, 이런 컬러풀한 패션양말숍은 한국에도 곧 나타나리라 예상된다.

이제부터 미용실이 여성들만의 미팅 장소라면, 바버숍은 향후 남성들만의 새로운 아지트라 할 수 있다. 새로운 형태의 바버숍이 곧 나타

무배격

날 수 있을 것이다.

이곳에서 남성들은 자신만의 정체성과 교류, 소통, 플레이 등 남성만 할 수 있는 여러 가지 활동을 뜻 맞는 친구들과 함께할 것이다.

🐘 사라지는 오프라인 매장의 대안은 무엇일까?

최근 미국의 대표 언론인 '월스트리트저널, CNBC' 등은 미국 내 '유통 대란(retail meltdown)'이 심각하다고 보도했다.

미국 내 백화점 매장이 줄지어 문을 닫는 사태가 일어나고 있고, 대표 의류브랜드의 얼굴이라 할 수 있는 '플래그십 스토어'를 폐쇄하고 있다는 내용이다. 미국에서 문 닫는 오프라인 매장의 진행 상황과 폐점 계획(2017년 1월~ 2018년 5월)을 보면 다음과 같다.

- 폴로 랄프로렌 뉴욕 플래그십 스토어 폐점
- 메이시스, 시어스, JC페니 등 미국 대표 백화점 연내 100여 개 이상 점포 폐점 계획
- 신발 유통업체 '페이리스(Payless)', 파산보호신청 및 400개 점포 폐점
- 럭셔리 브랜드, 마이클 코어스 2년간 매장 125개 폐점 계획
- 캐쥬얼 브랜드, 아베크롬비 2017년 매장 60개 폐점 및 매각 논의

- 북미 최대 완구류 유통체인인 Toys 'R' Us 미국 내 전체 사업을 청산하는 절차

미국 오프라인 매장의 깊은 불경기 사태는 보기보다 심각하다.

미국의 소매 매출은 대부분 대형 복합쇼핑몰에 의존하는 형태로 발전되었는데, 부동산 조사업체인 '쿠시먼 앤드 웨이크필드(Cushman and Wakefield)'에 따르면 2013년 미국인의 쇼핑몰 방문 횟수는 2010년에 비해 50% 감소했으며 이후 매년 계속 하락세를 보이고 있다고 한다.

그리고 세계적인 투자은행인 '크레디스위스'에 의하면, 앞으로 5년 뒤 미국 전체 쇼핑몰의 20~25%가 사라질 것이라는 전망을 내놨다. 현재 미국의 복합쇼핑몰 수는 약 1,200여 개에 달하는데, 조만간 900여 개로 줄어들 것이라는 전망이다.

이처럼 오프라인 매장이 점점 줄어드는 이유는 간단하다. 소비자가 온라인을 통한 쇼핑을 즐기기 때문이다. 그렇기 때문에 이제부터 오프라인 매장은 단순히 물건을 사고파는 곳 이상의 역할을 해야 살아남을 수 있을 것이다.

① 대안 1. 애슬레틱 매장 방식: 미국 뉴욕

오프라인 매장의 생존을 위한 몸부림은 애슬레틱 브랜드인 나이키, 아디다스를 중심으로 먼저 시작되었다.

나이키는 2016년, 뉴욕 맨해튼 매장에 천장 높이 7m가 넘는 농구 코트와 첨단 피팅룸 등 직접 체험할 수 있는 시설을 설치했다. 나이키 농구화를 신고 슛을 해볼 수 있는 공간이기 때문에 청소년을 주축으로 이 매장을 찾는 소비자가 늘고 있다.

아디다스도 뉴욕 매장에 축구화를 테스트할 수 있도록 골대와 인조 잔디를 설치했다.

〈출처: businessinsider.com(2016.11.17.), 뉴욕 소호 지역에 개장한 나이키 매장〉

무배격

〈출처: new-york-city-travel-tips.com(2017.1.22.), 뉴욕 소호에 개장한 아디다스 매장〉

　　세계 스포츠를 선도하는 두 브랜드의 새로운 매장은 그야말로 스포
츠 현장을 매장으로 옮겨 놓은 듯하다. 넓디넓은 매장과 대중 스포츠
로 가장 인기 있는 농구, 축구 혹은 러닝을 직접 할 수 있도록 만든 것

이다. 신발을 사러 가는 것이 아니라 매장에서 운동하고 체험하기 위해 방문하라고 만든 매장으로 보인다.

이제부터 대부분 소비자의 구매 행위는 상당 부분 e커머스, M커머스, A커머스로 전환되고 있다.

그렇다면 오프라인 매장은 무엇 때문에 존재해야 할 것인가.

바로바로 해당 브랜드 이미지를 현장에서, 구매 시점에서 구축해 놓아야 할 것이다. 현장에서 소비자와 커뮤니케이션하는 역할에 중점을 둬야 하는 세상으로 가고 있다.

② 대안 2. 프리미엄 식품 전문관 방식: 프랑스 파리

프랑스 파리의 서쪽에 있는 대표적 부촌 16구 파시가(Rue de Passy)에 전면이 이끼로 뒤덮인 녹색 건물이 있는데, 이 건물이 바로 '라 그랑데 에피스리 드 파리(La grande epicerie de paris)'라는 프리미엄 식품 전문 스토어다.

내가 이 스토어를 미래 스토어의 대안으로 선택한 이유는 간단하다.

아시다시피 전 세계 거의 모든 도심에 있는 백화점들의 매출이 하향세에 있다. 차별화가 안 된 일반 백화점 시대가 가고 전문 프리미엄

전문관이 그 자리를 차지할 수 있음을 알려주는 아주 좋은 사례이기 때문에 유심히 살펴볼 필요가 있다. 이제는 백화(百貨)를 파는 스토어로는 단일 점포로 생존할 가능성이 적다는 말이다.

그렇다면 그 대안으로 변신에 성공한 사례를 보면서 앞으로 다가올 미래 소비의 키워드를 관통한 스토어의 핵심을 알아보자.

'라 그랑데 에피스리 드 파리(La grande epicerie de paris, lagrandeepicerie.com)'는 루이비통과 모에헤네시, 지방시, 겐조, 겔랑 등 럭셔리 패션 잡화 브랜드를 소유한 프랑스 그룹 LVMH에서 2013년 개점한 프리미엄 식품관이다.

원래 이 건물은 LVMH가 소유한 백화점 '프랑크&필스(Frank and Fils)'였다.

그렇지만 리노베이션하는 과정에서 새로운 전략으로 변경하게 되었다. 즉, 이러저런 모든 제품을 파는 '백화(百貨)'를 버리고, 그룹 LVMH 차원에서 '프리미엄 식품'만 전문으로 하는 '선택과 집중' 전략으로 선회한 결과물이다.

매장은 각층의 내부 층고를 최대화해서 지하층을 포함하여 지상 3층 건물이지만 상당히 쾌적하고 고급스런 매장 분위기를 자아낸다. 지하층은 와인과 치즈 보관소 역할로, 1층은 빵과 제과, 과일, 축산, 수산 코너로, 2층은 각종 식료품과 가공제품, 커피 등 음료와 간단한 음식을 즐길 만한 카페로, 3층은 최상급 코스 요리를 전문으로 하는 고급 레스토랑으로 구성된다.

거의 모든 유통 건물의 지하층을 차지하고 있는 식품관과는 달리 전체 지상층을 식품으로 머천다이징했다는 점은 일류를 지향하는 업체의 아이덴티티를 보여준다.

그리고 건물 전체를 통유리창과 건물 천정을 유리돔으로 설계함으로써 자연 채광을 매장 안으로 끌어오는 효과와 쇼핑하는 소비자에게 최대 쾌적함을 선사한다. 그야말로 쇼핑객을 최고의 손님으로 여겨지도록 품격과 품위 있는 쇼핑을 제공하고 있다.

이 중 특색 있는 매장은 지하 1층에 있는 18개월 동안 만든 저장창고이다. 이곳에는 와인과 치즈를 저장하는데, 고급 와인과 위스키는 관계자만 입장 가능한 저장창고에 둔다. 치즈 코너에는 지름이 1m나 되는 거대한 치즈 덩어리와 수십 종류의 치즈를 구비했다.

최근 식품관 속 식당이라 불리는 '그로서란트'라는 개념의 선두 주자이다. 이 식품 전문점에서 식재료를 구입하고, 식사도 하고, 매장에서 장인에 의해 걸작이 만들어지는 과정까지 지켜볼 수 있는 즐거운 경험을 제공하고 있다.

〈출처: lvmh.com, 24sevres.com(Le Bon Marché magazine)〉

2. 식(食)

🐘 사찰음식이야말로 세계적인 프리미엄 음식

인도에서 탄생한 요가는 미국 뉴욕에서 새로운 형태로 발전했다. 제1장에서 언급했듯이 2003년부터 시작되어 여성 뉴요커들로부터 사랑을 받게 된 요가와 명상, 모두 동양권 문화가 아닌가.

한국이 아웃도어 의류시장에 매몰된 채 선진국 의류패션 시장의 트렌드를 못 보았듯이 한국만의 프리미엄급 식(食)문화도 여전히 그 흐름을 제대로 못 보고 있는 상태라고 판단하고 싶다.

인도에서 탄생한 요가가 미국 뉴욕에서 새로운 명상 문화로 재탄생했듯이 한국의 K푸드도 색다른 문화로 재탄생할 수 있으리라 본다. 그런 의미에서 볼 때, 한국에 있어서 품격 있는 음식문화의 대표 주자로 나는 '사찰음식'을 꼽고 싶다.

아시다시피 미국 뉴욕은 전 세계 음식들이 경합을 벌이는 각축장이다. 이곳에서 한국 음식 대표로 '사찰음식'을 선보이고 홍보를 제대로 한다면 제2의 요가 상품으로 발전할 것이라는 것이 나의 주장이다. 한국 고유의 음식 중의 하나인 '사찰음식'은 한국적 명상과 더불어 뉴요커들에게 아주 색다르고 상당히 품격 있는 식문화 제안이라고 주장하고 싶다.

현재까지 한국 음식문화의 대표 주자인 '사찰음식'은 불교 조계종을 통해서 전파되다 보니 시간과 제약이 상당히 많다. '사찰음식'은 특정 종교를 떠나서 접근해야 할 것이다.

한국의 '사찰음식'은 '한식의 세계화'라는 목표에 성큼 다가갈 수 있게 만드는 가능성이 가장 큰 상품이다. '사찰음식'에 나오는 식재료는 모든 생명체의 집합체가 아니겠는가.

'사찰음식'의 재료는 흙과 물과 바람을 거쳐서 완성된다. 슬로푸드의 일종이면서 한국 불교라는 철학이 가미됨으로써 미국 도시인들에게 엄청난 충격으로 다가가리라 예상된다.

한국 사찰에서 전개되는 '발우공양' 그리고 명상은 기존의 인도 명상에 숙달된 뉴요커들에게 아주 색다른 철학과 사상 그리고 음식문화를 제공할 것임이 틀림없다.

그래서 한국 사찰음식의 성공은 우선 한국 사찰문화에 대한 이해가 먼저 선행되어야 한다. 앉아서 참선하고, 명상하는 것 그리고 음식을 먹는 것은 같은 개념인 것이다. 발우공양을 할 때도 묵언을 하게 된다.

침묵 속에서 자신의 마음을 돌아보고, 명상한 후, '발우공양'의 형식

무배격

을 가져와 '사찰음식'을 섭취한다면, 뉴요커들에게 새로운 요가혁명이 될 것이라 믿어 의심치 않는다.

70~80년대 한국의 태권도는 미국 정계를 중심으로 처음 소개되어 큰 파장을 불러왔지 않았던가! 마찬가지로 이제는 제2의 요가혁명으로 한국 사찰의 발우공양 방식인 '사찰음식'과 '명상'을 함께 수출해야 할 것이다.

사찰음식은 양념으로 입맛을 속이는 것이 아니라, 원재료의 향과 맛을 그대로 살려내는 슬로푸드다. 슬로푸드는 품격 있는 식문화를 대표한다.

기본적으로 채식 위주이며, 불교 교리대로 육류·어패류 등 고기의 섭취를 금하고, 냄새나 자극성이 강한 오신채(五辛菜, 파·마늘·부추·달래·홍거), 인공조미료 등 식품첨가물, 정제된 설탕을 쓰지 않아 재료가 갖고 있는 풍미를 최대한 살리게 만드는 몸에 좋은 슬로푸드다.

자연에 순응하는 음식, 현대 도시인들에게 아주 좋은 음식을 발우공양 방식으로 뉴요커들에게 소개한다면 그 여파가 상상 이상이 될 것이다. 내가 아는 사찰음식의 최대 장점은 성인병과 비만의 주범인 고지방, 고열량 식사를 피할 수 있게 도움을 준다는 사실이다. 채소에 풍부하게 든 식이섬유는 혈중 콜레스테롤 수치를 낮춰 혈관질환 예방에 도움을 준다.

그래서 나는 이렇게 제안하고 싶다.

다도(茶道)와 스님들의 식기를 사용해 식사하는 '발우공양'과 '108
배' 그리고 사찰음식을 체험할 수 있도록 만든 K푸드 프로그램을 빠른
시일 내에 만들어 미국 뉴요커들에게 선보여라!

참선도 하고, 명상도 하고, 나를 찾아가는 과정에서 사찰음식을 만
나게 하라! 이때, 미국 유명 애슬레저 업체와 공동 마케팅을 전개하는
방법을 추천하고 싶다.

품격 있는 식사 문화: 비거니즘(Veganism)과
베지노믹스(vegenomics, 채식경제)

최근 몇 년간 주로 유럽 여러 나라에서 전개되고 있는, 채식주의 관
련된 새로운 산업은 상당히 발전하고 있는 중이다. 독일, 이탈리아,
영국, 프랑스 등에서 주로 전개되고 있는 채식주의(비거니즘) 운동은
베지노믹스(vegenomics)라고 불리며 아주 큰 경제 트렌드로 자리 잡
고 있는 중이다.

현재 전 세계에는 약 15억 명의 채식주의자가 유럽과 선진국 중심
으로 늘어나고 있고, 전 세계 인구 중에 채식주의자가 차지하는 비중

도 약 22%에 가까워지고 있다(출처: 위키피디아).

한국의 경우, 채식주의자 인구가 전체 인구의 약 2%인 150만 명 정도라고 하는데, '한국채식연합' 측 통계에 의하면 2008년 15만 명이던 채식주의자 인구가 2016년 말 150만 명으로 열 배 증가했다고 한다.

비건(채식주의자) 제품의 시작은 유럽의 경우, 2011년 유럽 최초의 비건 전문 유통업체인 '비건즈(Veganz)'가 독일 베를린에 첫 매장을 열면서부터 시작되었다.

〈출처: veganz.de, Veganz Berlin-Friedrichshain〉

이어서 프랑크푸르트, 뮌헨 등 독일의 여러 도시에 개점을 하게 되었고, 이러한 비건 전문점은 독일뿐만 아니라 영국, 프랑스, 이탈리아 등 유럽 여러 도시에서 동시다발적으로 전개되고 있는 중이다.

프랑스에도 비건 제품만 판매하는 전문점인 '비건의 세계(Un Monde Vegan)'에서는 우리가 흔히 보게 되는 탄산음료나 육류 등을 판매하지 않는다. 대신에 감자로 만든 푸아그라, 우유 없는 빵, 밀과 곤약으로 만든 생선맛 스테이크 등을 판매한다.

채식주의자가 점점 많아지는 이유는 무엇이고, 무엇이 이들을 채식주의로 변하게 했을까?

처음 자신의 건강과 다이어트를 위해 시작한 채식주의가, 지구와 자연환경을 지키기 위한 목표로 확대되어 열성적으로 식단을 수정하게 된 비건들이 늘고 있기 때문이다.

이들은 비단 건강 증진이나 생명 보호 차원을 넘어 동물의 생태를 자연 그대로 보호하겠다는 생각을 한다는 점이 일반 소비자들과 다르다. 당연히 전 세계는 이러한 비건 소비자들을 위한 산업이 점점 커지고 있다.

최근에는 단순히 먹는 음식에만 국한하지 않고 생활용품에도 가능한 동물성 재료가 들어간 제품을 구매하거나 사용하지 않는 '생활 밀착형' 비건, '착한 소비' 비건들이 늘고 있다.

즉, 샴푸, 비누, 치약, 화장품 등을 구매할 때도, 이들 제품이 동물에서 추출한 내용물을 배제했는지 철저히 점검한 후에 구매하는 소비자가 늘고 있다. 화장품도 자연주의를 표방하는 핸드메이드 화장품 브랜드가 각광을 받고 있다.

※ 채식주의자의 종류

- 페스코(pesco): 붉은 살코기를 제외한 음식을 먹는 채식주의자를 말한다.
- 락토-오보(lacto-ovo): 고기는 먹지 않지만 유제품과 달걀은 섭취한다.
- 비건(Vegan): 고기와 생선은 물론 유제품과 달걀, 꿀을 먹지 않고 오로지 식물성 식재료만을 섭취한다.

쑥쑥 커지는 베지노믹스(vegenomics)

전 세계적으로 채식주의자가 늘고 있다.

대부분의 채식주의자들은 자신의 건강을 지키기 위해 시작했지만, 점점 강도가 높은 채식주의자로 변화하고 있다. 사회 지도층 중에 채식주의자들이 늘어나고 있는 미국에서는 식물성 원료를 이용한 대체 육류를 만들 수 있는 기술을 가진 스타트업 회사들이 늘어나고 있다.

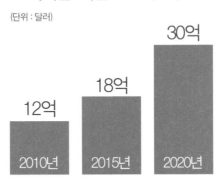

커지는 '식물성 고기' 시장

(단위 : 달러)

30억

18억

12억

2010년　2015년　2020년

[자료원: 유로모니터]

　대표적인 회사가 바로 '임파서블 푸즈(Impossible Foods, impossiblefoods.com)'인데, 구글이 3억 달러를 주고 매입하려다가 실패한 회사로 유명세를 타기도 했다.

　이 회사는 2011년 미국 스탠퍼드대 생화학과 패트릭 브라운 교수가 세운 벤처 회사로서, 동물성 식품을 '세포' 단위로 분석해 고기맛을 내는 특정 단백질과 영양 성분을 식물로부터 추출해 재현하는 기술을 개발했다. 이로써 단백질 섭취가 부족한 채식주의자들을 겨냥한 '대체고기' 시장을 주도하고 있는 중이다.

　이 회사는 최근에 아몬드오일 등을 원료로 해서 만든 '임파서블 버거'를 탄생시켜 유명해졌는데, 마이크로소프트(MS)를 세운 '빌 게이츠'와 홍콩 최고 갑부인 '리카싱(李嘉誠)'이 이끄는 투자사로부터 2014

년 7,500만 달러에 달하는 투자금을 받았다. 또한 한국 넥슨의 창업주인 김정주 NXC 대표 등으로부터 1억 800만 달러를 추가로 투자받았다고 한다. 지구온난화로 위기에 처한 지구 환경과 인류를 구하겠다고 교수의 명예를 걸고 시작한 회사인 만큼 소비자들이 거는 기대도 크다.

그가 언론 인터뷰에서 밝힌 경영 철학의 한 면을 보기로 하자.

"33g의 사료를 먹은 소는 소고기 1g을 만든다. 먹는 양의 단지 3%에 불과한 소고기를 만들 뿐이다. 임파서블 푸드는 소고기를 만드는 원천에 접근해 에너지 낭비를 줄이려고 한다. 같은 넓이의 땅에서 더 적은 자원을 쓰면서도 고부가가치 식량을 생산해 추가적인 경제 성장을 달성할 수 있다."

이 회사의 생산 방식을 적용하면 같은 면적의 땅에서 소나 돼지를 키우는 것보다 더 적은 자원으로 단백질원을 생산할 수 있게 된다. 이렇게 되면 기존 소고기 버거보다 물은 73% 적게 쓰고, 온실가스는 87% 적게 배출하며, 목초지의 95%를 자연 서식지로 되돌릴 수 있다고 하니 놀랍지 않은가!

역시 그의 경영 철학은 놀랍도록 철저한 인본주의라는 생각이 든다. 진짜보다 더 맛있는 가짜 고기로 소비자의 구매 습관을 바꾸겠다는 생각 그리고 이를 통해 지구온난화를 막고 미래 육류를 대체하겠다는 생각은 고기를 좋아하는 소비자들에게 시사하는 바가 크다.

또 다른 '대체육류' 회사로는 '비욘드 미트(beyondmeat.com)'가 있다.

이 회사 CEO인 브라운은 2009년 자신이 좋아하는 동물을 위해 식물성 햄버거를 고민하게 되었다. 그는 콜롬비아 대학교를 졸업한 뒤, 콩과 같은 100% 식물성 원료만으로 만든 닭고기를 선보였다.

이 회사는 구우면 고기처럼 육즙이 흘러나오는 '비욘드 버거'를 '홀푸드(Whole Food)' 마켓에 출시해서 인기리에 판매하고 있다. '비욘드 버거'의 패티는 식물성 재료만을 이용해서 만드는데, 콩, 깨, 호박, 올리브, 버섯 등에서 추출한 단백질과 기름 등으로 그 식감과 맛이 소고기 패티와 흡사하다.

〈출처: beyondmeat.com, 미국 유명 마트에서 쉽게 발견되는 '비욘드미트'〉

무배격

이 회사는 채식주의자이면서 세계적인 무비스타인 '레오나도 디카프리오'가 투자자로 참여해 유명세를 얻었는데, 현재 미국의 2,000여 슈퍼마켓에서 판매 중이다. 일반 고기에 비해 철분과 단백질은 더 많고 포화지방과 콜레스테롤은 현저히 낮은 것이 특징이다. 환경호르몬이나 항생제는 당연히 전혀 없다.

다보스포럼이 보고한 자료에 의하면 2017년 전 세계인들이 소비한 육류의 양이 무려 2억 6,300만 톤에 이른다고 한다. 그리고 전 세계 농경지의 70%가 가축이나 가축이 먹을 사료를 키우는 데 사용된다고 한다. 소가 방출하는 방귀와 트림이 지구 전체 온실가스의 18%에 이르러 지구온난화를 촉진하고 있다고 한다. 이는 이산화탄소보다 23배나 강력한 메탄으로 구성되었다고 하니 심각한 일이 아닐 수 없다.

이밖에도 지구 환경과 관련한 세계적인 푸드 테크(food tech) 기업들의 활약상이 눈에 띤다. 우선 지구 쓰레기 문제 해결에 유용한 기술들이 개발되고 있다. 일회용 용기를 생분해성 원료로 만들어 음식과 함께 먹어 치우면 쓰레기 발생을 원천 차단할 수 있다는 복안이다.

그래서 물과 함께 통째로 마시는 생수통(물통), 먹는 빨대와 컵 등은 요즘 한창 문제가 되고 있는 환경호르몬과 환경오염의 주범인 플라스틱 용기를 대체할 수 있는 계기를 마련해 준다. 이런 새로운 물질들은 물에서는 24시간 형태가 유지되지만, 땅에 묻으면 2개월이면 자연 분해되는 특징을 가진다.

🐘 안전한 먹거리를 위한 솔루션, 블록체인(blockchain)

4차 산업혁명의 발달과 더불어 우리 입에 자주 오르내리는 '블록체인'과 '가상화폐'.

블록체인은 가상화폐와 더불어 우리 실생활에 아주 밀접하게 다가오고 있다. 또한 블록체인을 통한 새로운 비즈니스 시스템을 구축하려는 시도는 모든 산업군에서 진행되고 있는 중이다. 특히 하루가 멀다고 먹거리 문제가 발생하는 식품 후진국에서는 상당한 관심을 갖고 해당 기술을 발전·적용시키려 준비하고 있다.

세계보건기구(WHO)에 따르면 전 세계에서 10명 중 1명이 매년 오염된 먹거리로 인해 질병을 앓는다고 한다. 이렇게 먹거리 관련 사건, 사고가 계속되는 이유는 먹거리 안전을 위협하는 원인에 대한 정보 접근성과 추적의 어려움 때문이다.

사실 한국은 거의 매일 먹거리와 관련한 사건·사고가 끊이지 않고 발생했다. 하루가 멀다고 식탁 위에 올라오는 먹거리 관련 뉴스는 아이를 키우는 주부들의 마음을 졸이게 만든다. 4차 산업혁명 시대이지만 먹거리만큼은 2차 산업혁명 시대가 아닌지 의심스럽다.

하지만 조류독감, 살충제 계란, 햄버거병 등 먹거리 안전과 관련된 사고를 미연에 방지할 수 있는 기술이 탄생했으니 그것이 바로 '블록체인' 기술이다. 이 기술을 응용하면 내 식탁 위에 올라온 닭 혹은 돼지가 무엇을 먹고, 어떻게 키워졌는지 양육 히스토리를 소비자가 알 수 있다.

글로벌 식품 공급망에 블록체인 기술이 적용되면 생산 농장 정보, 상품 번호, 공장 및 가공 데이터, 유통기한, 출하 일시 등 식품의 제조, 출하와 관련된 거의 모든 정보가 블록체인에 디지털 방식으로 기록된다. 기록된 각각의 정보는 향후 제품의 안전성에 문제를 일으킬 가능성이 있는 주요 데이터 요소들을 제공할 수 있고, 각각의 거래 관련 정보 수집은 하나의 식품이 소비자 식탁 위에 올라올 때까지 관련된 모든 비즈니스 파트너의 동의하에 이루어진다.

'앱'을 통해 해당 상품 QR코드를 스캔하면 이 모든 일련의 과정을 확인할 수 있다. 한마디로 먹거리에 대한 신뢰성을 획기적으로 제고할 수 있다는 점으로 인해 세계 유통업계는 블록체인 기술을 접목시키기 위해 열심이다. 그리고 이런 먹거리 트렌드를 가장 먼저 간파한 회사는 미국의 '월마트'다.

미국의 월마트가 1996년 중국에 진출한 뒤 가장 애를 먹었던 것이 바로 중국의 불량식품 유통이다. 이로 인해 상당한 경영상의 타격을 입게 되었는데, 아무리 중국의 납품업체들을 관리해도 그들의 불량한 위생 환경과 가짜 식품을 완벽하게 위조하는 서류 등을 찾아내기가 불가능했던 것이다.

하지만 최근에 월마트는 미국 IBM과 협업을 통해 이 문제의 근본적인 해결책을 찾게 되었는데 이것이 바로 '블록체인' 방식이다.

생산과 유통의 전 과정(축산농가와 보관창고, 트럭, 항공 등 운송 물류 경로 전체)에 사물인터넷(IoT) 센서를 연결시켜 블록체인이라는 새로운 데이터 저장 방식 기술을 적용한 것이다.

이렇게 되면 최종 소비자가 먹게 되는 돼지나 닭이 최초로 무엇을 먹었는지, 어떻게 자랐는지, 어떤 방식으로 도축이 되었는지, 도축 후의 물류 보관 상태는 어떤지 그리고 어떤 물류 방식으로 유통업체에 도달되었는지에 대한 정보를 알 수 있게 된다. 이를 통해 문제가 있는 식품이 어디서 어떤 경로를 통해 월마트 해당 지점에 납품되었는지 확인하게 된다.

블록체인 기술을 적용하기 이전에는 이러한 확인 작업이 일주일이 넘게 걸렸지만 이젠 2.2초면 충분하다고 한다. 그야말로 먹거리 상품의 품질 관리 측면에서 유통혁명이 일어난 셈이다.

이처럼 블록체인 기술이 적용되는 이유는 특정 데이터를 네트워크에 연결된 모든 사용자 컴퓨터에 분산 저장해 사실상 해킹이 불가능한 구조를 만든 것이 '블록체인(blockchain)' 기술이기 때문이다.

중앙 대형 컴퓨터 서버 방식이 아닌 네트워크상에 있는 모든 컴퓨터에 같은 복사본을 만들어 저장하기 때문에, 블록체인 참여자 누구나 생산·유통 과정의 문제를 즉시 파악할 수 있게 된다. 당연히 모든 유통 거래의 투명성을 높일 수 있기 때문에 세계 각국의 유통업체들이 블록체인 비즈니스에 뛰어들고 있는 중이다. 블록체인에 계속 관심을 기울여야 하는 이유는 간단하다.

점점 사기 기술이 발전하고, 거짓이 진실을 뒤덮을 수 있는 세상이기 때문이다. 블록체인의 가장 위대한 점은 바로 이 기술이 보유한 '추적 가능성(traceability)'이다. 블록체인 기술은 사실상 위·변조가 불가능한 체계이기 때문에 어디에서 누가 거짓을 했는지 이 기술을 통해 우리는 쉽게 알 수 있다.

블록체인 기술을 국가 차원에서 가장 적극적으로 적용하는 나라는 유럽의 소국 '에스토니아'이다.

에스토니아는 세계 최초로 블록체인을 기반으로 한 '주민등록' 제도와 '전자투표' 제도 그리고 전자시민권 부여 등 세계 최고의 스마트 국가를 향해 달려가고 있는 중이다.

에스토니아는 2008년 블록체인 기술을 활용하기 시작했는데, 2012년부터는 입법·사업·행정 등 정부 모든 업무 영역 전체로 블록체인 시스템을 확대 적용하기 시작했다. 이를 통해 0%인 법인세율과 전자시민권인 '이레지던시(e-Residency)'를 적용하게 되었다.

에스토니아 정부가 2014년부터 발행하고 있는 전자시민권은 온라인으로 신청한 후, 100유로만 내면 누구나 발급받을 수 있기 때문에 한국에서도 에스토니아에서 스타트업을 하려는 젊은 창업자들이 시민권을 신청하고 있다. 전자시민권을 받으면 온라인으로 창업할 수도 있고, 에스토니아에 머물지 않아도 행정 서비스를 누릴 수 있게 된다. 법인세도 0%이기 때문에 유럽에서 사업을 시작하려는 각국의 젊은 창업자들에게 매력적인 제안이 아닐 수 없다.

그리고 식품안전과 먹거리로 골머리 앓고 있는 나라인 중국은 '블록체인 식품안전연합회'를 구성하여 식품 유통망에 블록체인 기술을 적용하기 시작했다. 블록체인을 활용한 먹거리 관련 농업과 기술을 접목시키는 변화가 일어나고 있는 중이다. 농업에 IT 기술이 접목되어 생산성과 상품의 질, 상품의 안전성이 향상되고 있다.

한국에서도 블록체인 기술을 신뢰가 생명인 산업에 적용하기 시작했는데, 수산물 어묵회사가 블록체인 기술 기반의 유통이력관리 시스템을 적용시켜, 입고부터 가공, 포장, 판매에 이르는 생산과 유통 전 과정을 투명하게 공개하고 있다. 소비자는 스마트폰으로 제품 포장지에 있는 QR코드를 찍기만 하면 된다. 원산지, 제조사, 제조일, 유통기한, 판매점 등 모든 정보를 한눈에 확인할 수 있게 되니 안심하고 구매를 할 수 있다.

앞으로 구매에 대한 의사 결정에 항상 불안이 있는 시장에는 반드시 블록체인 기술을 적용해야 할 것이다.

다음은 각국이 블록체인을 활용한 사기 방지 대책들이다.

#1. 대한민국 중고차 유통 시장이 블록체인 기술을 적용 중에 있다. 아시다시피 중고차의 차량이 침수(浸水)됐거나 사고 이력이 있는지, 주행 거리가 짧게 조작되진 않았는지 중고차를 구매하고자 하는 소비자의 가장 큰 불안 요소가 아닌가. 하지만 이 블록체인 기술을 적용시키면 위·변조가 불가능하기 때문에 자동차 수리 및 사고 이력을 투명하게 관리할 수 있게 된다.

#2. 부동산 거래에서도 사기를 방지하기 위해 블록체인 방식이 도입되었다. 스웨덴에서는 2016년부터 전국의 토지의 거래 이력, 건물의 상태를 블록체인에 담아 사기를 방지하는 방법으로 활용하고 있다.

#3. 배를 통한 화물 운송 시, 수백 건의 필요 문서가 함께 오가게 되는데 이 과정에서 서류를 위조해 국제적으로 거래 상대를 속이는 일이 빈번히 일어난다. 이를 방지하기 위해 덴마크 해운회사 '머스크'는 IBM과 함께 해운 물류 블록체인을 개발하고 있다. 각 국의 화물 운송 관련 당사자들이 이동 기록을 공유하고, 배에 사물인터넷(IoT) 장비를 부착해 배의 위치, 충돌 여부를 추적하여 국제 사기를 사전에 막는 장치다.

#4. 중국에서는 명주(名酒) '마오타이'의 진위 여부를 걸러내고 있다. 워낙 유명한 술이기에 가짜가 범람해서 생산량 대비 소비량이 10배에 달하는 것으로 알려져 있다. 즉, 마오타이 10병 중 9병은 가짜라는 얘기다. 하지만 이제는 마오타이의 생산부터 유통까지 블록체인 기술을 적용해 생산·유통 과정을 추적하고 제3자가 진위를 검사하는 것까지 하나로 묶는 사업을 진행 중이다.

3. 주(住)

집 분야에서의 '미니멀 라이프'는 앞으로 많이 발전될 분야이다.

지금까지 우리가 알고 있는 '소유'라는 개념은 점점 퇴색하고 있다. 나는 '소유'보다는 '관계'에 더 집중하는 소비자들의 행태를 21세기형 소비자라 칭하고 싶다. 바로 '단순하게 살기'로 마음먹은 소비자들이 점점 늘어나고 있다.

복잡한 도시의 삶을 잠시 정리하고 섬에서 한 달만 살기를 직접 실천하는 의식 있는 소비자들이 늘어나고 있어서, 국내에 머물던 '한 달 살기' 프로젝트가 해외 슬로시티에서 한 달 살기로 점점 발전하고 있다.

생활이 점점 복잡해질수록 단순한 삶을 살고 싶어 하는 현대 도시인들이 점점 늘어나는 추세다. 집 안에 있는 물건은 넘치고 넘쳐 수납·정리 전문가의 도움을 받아야 할 지경까지 온 집도 생겨나고 있다.

하지만 우리 주위를 돌아보면 상당히 지혜롭게 비워 내기 주택문화를 만들어 가는 소비자들도 많이 생겨나고 있다. 특히 이사를 자주 해야 하는 1인 가구의 경우는 더욱더 비워 내기에 관심이 많다.

즉, 소유의 개념에서 사용의 개념으로, 소비의 개념이 변하고 있는 중이다. 당연히 렌털 산업이 눈에 띄게 성장하고 있다.

즉, 품격 있는 소비자의 개념 있는 소비가 빛을 발하기 시작하는데,

이 출발이 '집'에서부터 시작되고 있다. 한정된 공간에 사용가치가 없어진 불필요한 제품으로 해당 공간을 채울 것이 아니라 필요할 때 사용료를 내고 빌려 사용하고 해당 공간을 비워 놓는 것이 품격 있는 소비라 할 것이다.

집을 이사하거나 사무실을 이전할 때 가장 많이 버려지는 제품 중에 하나가 바로 책이다. 사실 말이 나와서 하는 말이지만 한국의 독서율은 세계에서 하위에 해당된다. 문화체육관광부가 발표한 '2017 국민독서 실태조사' 결과에 따르면 2016년 10월~2017년 9월, 1년간 일반도서(교과서, 학습참고서, 수험서, 잡지, 만화 제외)를 1권이라도 읽은 사람의 비율(독서율)은 성인 59.9%인 것으로 집계됐다. 즉, 10명 중 4명은 단 한 권도 책을 읽지 않았다는 뜻이다.

그럼에도 불구하고 자신의 향학열을 책으로 위장해서 집 거실이나 사무실 한편을 전부 책으로 도배한 경우도 상당하지 않을까 싶다. '책'을 그저 남에게 보여주는 인테리어로 생각하여 취급하는 소비자들이 있다면 지금이라도 당장 정리하기 바란다.

유명 서점에 가면 미니멀리즘을 주제로 하는 서적 코너가 새로 생길 정도로 현대 도시인들에게 '비워 내기'는 메가트렌드로 자리 잡고 있는 중이다. 비우기 시작하면서 삶은 더욱 윤택해지고, 비움으로써 채워지기 시작한다는 역설을 몸으로 느끼는 품격 있는 소비자들이 늘고 있다는 것은 상당히 고무적인 일이다.

하루 종일 스마트폰과 친한 도시인들에게 있어서 사실 스마트폰에 있는 수많은 앱 중에서 일주일에 한 번 사용하거나 혹은 한 달에 한 번 사용할지 모르는 용량이 큰 앱을 그대로 두는 경우가 많을 것이다. 사실 이것 또한 낭비라 생각된다. 내가 필요할 때마다 앱을 다운받아서 쓰고 곧바로 다시 지우는 미니멀 라이프는 어떨까 제안하고 싶다.

그리고 우리가 추구하는 진정한 미니멀 라이프는 단순히 집 혹은 사무실 등 자신의 활동 공간에서 필요 없는 것을 찾아내어 버리는 것이 아니다. 오히려 내 삶에 더 소중하고 가치 있는 필수품만을 찾아내어 내 곁에 두게 만드는 것인 만큼 결국은 내 삶의 질을 높이는 과정이라 생각된다.

미 제너레이션(Me Generation)과 밀레니얼(Millenials) 세대

'미 제너레이션'이라는 단어를 익히 들어 본 적이 있을 것이다.

아마 이 단어를 처음 들은 것이 약 30여 년 전인지도 모르겠다. 자기중심적인 사고를 가진 세대로서 자기주장이 강하고 자기 자신 또는 관련 집단의 이익 외에는 무관심하며 자신의 욕구 충족만을 바라는 젊은 층을 가리켜 '미 제너레이션'이라 호칭했었다. 이들은 주로 베이비붐 세대로, 경제적으로 풍요로운 시기에 태어난 까닭에 기존 산업

역군 세대와는 다른 소비 행태와 사고방식을 가지게 된다.

이런 개인주의가 발전하기 시작한 베이비붐 세대의 자식 세대가 바로 '밀레니얼' 세대인 셈이다. 이들은 전 세대인 베이비붐 세대에 비해 더욱 개인적이며 소셜네트워킹서비스(SNS)에 익숙하다. 또한 모든 측면에서 기존 부모 세대의 행동과 사고와는 상당한 차이를 발견하게 된다.

이들이 앞으로 전개될 트렌드 변화의 핵심 세대로서 자리매김을 확실히 하고 있는 중이다. 무언가에 얽매이지 않으면서도 최신 유행을 빠르게 따라잡는 세계 역사상 가장 최고의 교육을 받았지만, 경제적으로 상당히 취약한 상태인 우리네 주변에서 쉽게 발견하게 되는 청년들이다. 이들은 어린 시절부터 인터넷과 모바일에 강한 자가 학습을 했기 때문에 소셜미디어를 적극적으로 이용한다.

최근 영미권에서는 이들을 주목하는 연구가 활발히 이뤄지고 있다. 기존 세대 소비자들과는 확연히 틀린 라이프 스타일을 보여주고 있는데, 그중에서 리빙 분야에서 독특한 주거의식을 나타내고 있다.

코리빙(co-living, 공유거주)

아시다시피 공유경제를 대표하는 브랜드라면 단연코 '에어비앤비'와 '우버'를 선택할 것이다. 자동차 혹은 집을 공유하는 트렌드가 대세인 현실에서 미국의 주요 도시에서는 집주인 대신 전문업체가 주택

관리를 대행하여 거주자를 모집하는 새로운 비즈니스가 각광을 받고 있다.

새로 취업이나 학업 때문에 미국의 대도시로 오게 된 사람들에게 주거할 집을 장만한다는 것은 거의 불가능하다. 하지만 밀레니얼 세대들에게는 공유경제에 상당히 익숙하기 때문인지 '코리빙'에 대해 그렇게 큰 거부감이 없다.

최근 미국 뉴욕, 샌프란시스코, 워싱턴DC 등 대도시들을 중심으로 새로운 거주문화인 '코리빙' 비즈니스가 성행하고 있다. 이는 일본에서 유행하는 '셰어하우스'와 비슷해 보이지만, 조금 다른 점은 전문업체가 주택을 관리한다는 점이다. 즉, 부동산 전문기업이 밀레니얼 세대가 좋아할 만한 건물을 전체 임대해서 재임대를 놓는 방식인데, 공간 관리가 본 비즈니스의 핵심이다.

혼자 생활하는 데 필요한 가전제품이나 가구, 주방의 요리용 기구, 양념, 나아가 욕실에 필요한 기본 제품류 및 화장실 휴지까지 모두 준비해 놓는다. 그야말로 기본적인 개인용품을 가지고 몸만 들어가면 되는 수준까지 준비되어 있다. 당연히 공간 사용료인 월세와 세세한 관리 대행에 대한 관리비를 합한 월 사용료를 지불하는 시스템이다.

어느 한 건물을 공동거주자들이 함께 사용하기 때문에 건물의 옥상, 테라스, 주방 등을 이용해서 거주자들끼리 요리를 함께하기도 하고, 영화를 보기도 하고, 교양 관련 정보를 입수하기도 하는 등 '따로

똑같이'의 즐기는 삶을 영위한다. 사생활을 지키되 본인이 원하면 언제든지 커뮤니티 활동을 함께할 수 있는 공간에 대한 인정이 중요한 포인트다.

🐘 의식주(衣食住)가 주식의(住食衣)로 바뀌고 있다

의식주 중에서 주택관련 산업인 주(住) 산업이 뜨고 있다.

집에 머무는 시간이 늘어날수록 주(住) 산업이 점점 커지고 있는 중이다. 원래 경제 성장 초기에는 입는 것, 즉 의(依) 관련 산업이 가장 빠르게 성장하게 되지만, 국민소득이 늘어나면서 선진국이 될수록 먹는 식(食) 산업과 집이라는 주(住) 관련 산업이 점점 커지는 것이 일반적인 현상이다.

한국의 가구와 주택 관련 시장이 점점 커지고 있다는 것은 다음의 사례로 바로 알 수 있다. 2014년 말 세계적인 홈퍼니싱 가구업계의 대명사인 '이케아'가 한국에 상륙했다. 그 당시 경쟁사였던 '한샘'의 2014년 연매출이 1조 3,248억 원 수준이었으나 2017년 말에는 2조 원 매출을 돌파했다고 한다. 당연히 다른 가구 관련 기업들도 동반 성장하게 된다.

무배격

그렇다면 '이케아'는 왜 2014년 말에 한국 진출을 결정했을까?

이 질문에 대한 답이 한국 주(住) 관련 산업의 발전 속도와 궤적을 같이할 것이다. 즉, 한국의 주(住) 관련 시장이 2015년 이후부터 점점 커질 것을 미리 예측한 후, 한국 진출을 결정했을 것이라는 추측이 성립된다.

내가 '이케아'를 처음 만난 것은 미국에 처음 시장조사를 갔던 1994년이었다. 그 후, 여러 선진국, 선진도시에서 '이케아'의 활약을 체험하던 중, 한국 진출 소식을 듣게 되었다. 그렇다면 이케아가 한국에 진출한 이유는 무엇일까? 곰곰이 생각해 보자.

기존 선진국, 선진도시에 진출한 이케아는 대부분 도심에서 어느 정도 거리가 떨어진 부도심에 매장을 개점했었는데, 한국의 경우는 좀 다를 수 있을 것이라 보인다. 물론 지금까지 개점한 1, 2호점은 부도심이라 할 수 있는 광명시와 고양시에 진출했지만 말이다.

내가 이케아의 서울 도심 진출을 추측하게 만드는 이유는 이케아가 스웨덴 본사를 포함해서 일본, 홍콩 등 이미 도심에 소형매장을 개점해서 시장을 공략했던 경험을 목격했기 때문이다.

내가 2017년에 저술한 책, 『김영호의 유통혁명』에서 '이케아는 가구업체인가?'라고 의문을 제시했듯이 이케아는 그동안 가구뿐만 아니라 생활용품, 식품 그리고 호텔 등 주택 관련 산업과 기본적인 라이프 스타일 전반적인 제품군을 기획, 제조, 판매하는 기업이었기 때문이다.

앞으로 성사 가능성이 있는 이케아의 소형매장형 도심 진출은 한국의 기존 유통업체에 긴장감을 불러일으키기에 충분해 보인다.

1인 가구 및 맞벌이 가구의 증가로 인해 돈을 아주 많이 버는 기업들이 나타났다. 바로 주(住) 관련 홈퍼니싱 산업의 업체들과 1달러숍(한국의 경우, 천원숍) 등이다. 미국의 1달러숍의 경우, 드럭스토어 숫자(18,000여 개)보다 많은 수의 점포(22,000여 개)들이 활약 중이다(2015년 현재).

한국의 유통업계를 대표하는 백화점은 '주(住)' 상품 매출 강화에 총력을 기울이고 있다. '주(住)' 관련 매출 비중이 해마다 늘어나고 있기 때문이다.

그래서 리빙 분야에서 새로운 성장 동력을 찾고자 생활용품군 매출 신장에 총력을 기울이고 있다. 이런 전략의 일환으로 세계적인 주방 생활용품 브랜드를 도입하거나 기존 생활용품 기업을 인수하여 리빙 사업을 보강하기도 한다.

일례로, 현대백화점 그룹 계열사인 현대리바트는 미국의 '윌리엄스소노마'와 프랜차이즈 계약을 체결하고 앞으로 10년간 '윌리엄스소노마(Williams-Sonoma)', '포터리반(Pottery Barn)', '포터리반 키즈(Pottery Barn Kids)', '웨스트 엘름(West Elm)' 등 4개 브랜드를 선보이고 있다.

윌리엄스소노마는 프리미엄 주방용품과 주방가전 등을 주력 상품으로 40년 업력에 연매출 5조 5,000억 원을 올리는 업체로서 2018년 현재 미국, 캐나다 등 7개국에서 630여 곳의 매장을 운영하고 있다.

신세계 그룹의 경우 가구업체인 '까사미아'를 인수, 홈퍼니싱 시장에 적극적인 진출을 했다. '까사미아'는 1982년에 설립된 가구와 인테리어 제품 및 침장류 등을 제조·판매하는 기업으로서 국내 가구업체 중 6위 수준이다. 신세계 그룹은 까사미아 인수 이전부터 리빙 사업에 투자해 왔었는데, 2010년 이마트의 '자연주의' 브랜드와 '자주(JAJU)' 등을 라이프 스타일 브랜드로 키운 전력이 있다.

각 백화점 매장에서의 새로운 변화를 본다면, 침대 매트리스 하나에 천만 원 이상 하는 초고가 침대 브랜드도 한국에 속속 진출하고 있는 중이다. 당연히 침대와의 보완 상품인 베개, 침대보 그리고 침대 옆에 두는 협탁 등의 연관 상품군이 인기 검색어가 된다.

또한 집에 있는 시간의 증가할수록 부엌이나 욕실을 제대로 꾸미려는 욕구가 점점 커질 것이다. 당연히 부엌이나 욕실의 리모델링 비즈니스가 성황을 이룰 것이다. 이러한 홈퍼니싱 사업군이 기존 사업에 새로운 활력소로 등극하고 있다.

대한민국은 국민소득 3만 달러 시대 근처에 있기 때문에 홈퍼니싱 시장이 성장할 것으로 전망된다. 통계청에 의하면 홈퍼니싱 시장의 규모가 2015년에는 약 12조 5,000억 원이었는데, 2023년에는 18조 원까지 증가할 것으로 전망했다.

그리고 여기서 잠깐 문제를 낸다.

대한민국에는 트렌드에 민감한 업종이 많은데, 그중에서 가장 민감하게 움직이는 업종이 있다.

대부분 패션업종으로 추측하리라 본다. 하지만 정답은 백화점과 문화센터이다.

세상의 변화를 쇼핑 형태로 가장 먼저 제안하는 업종이 백화점이라면, 세상의 변화를 가장 먼저 강의로 제안하는 곳이 바로 백화점 문화센터이기 때문이다.

그래서 유통이나 마케팅을 전공하는 사람이라면 문화센터에 새로 개설된 강좌나 과목의 이름과 강의 내용을 보면 최신 트렌드를 어느 정도 짐작할 수 있을 것이다.

최근에 새로 개설된 대한민국 백화점 문화센터의 강좌를 보게 되면, 그동안 독보적으로 많았던 식품산업 관련 강좌인 '요리' 강좌를 제치고 홈가드닝, 인테리어 등 집 꾸미기 강좌가 급부상하고 있다.

대한민국에도 미국처럼 홈퍼니싱, 홈가드닝 산업이 자리매김 중이다. 즉, 소비자들의 관심사가 마냥 먹는 '먹거리'에서 삶의 질을 높여주는 '인테리어'나 '홈가드닝' 등의 '집 꾸미기'로 옮겨가고 있다는 것을 의미한다.

무배격

그래서 그런지 최근 SPA의 대표 주자인 H&M이나 ZARA에서 'HOME' 카테고리 매장을 신설하고 있다. 또한 새로 생긴 복합쇼핑몰에는 주방용품, 식기, 침구, 욕실용품, 가든, 조명 등 집을 다채롭게 꾸밀 수 있는 상품들을 판매하는 '홈퍼니싱', '홈인테리어' 존(zone)을 새롭게 선보이고 있는 중이다.

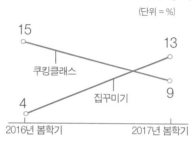

쿠킹클래스 넘어선 집 꾸미기 강좌

(단위 = %)

15

13

쿠킹클래스

집꾸미기

4

9

2016년 봄학기　　　　2017년 봄학기

*숫자는 전체 강좌 가운데 비중

[자료원: 현대백화점]

당연히 소비자의 관심이 점점 '식의주'에서 '주의식'으로 옮겨가고 있다.

불붙은 홈퍼니싱(Home Furnishing) 시장

한국은 홈퍼니싱 시장이 서서히 열리고 있는 중이다.
소득 수준이 향상되고 점점 집에 있는 시간이 늘어가면서 집에 대한 관심이 높아지고 있다. 당연히 집을 단장하는 '홈퍼니싱(Home Furnishing)' 시장이 점점 커지고 있다.

통계청에 따르면 통계청에 따르면 2008년 7조 원 수준에 머물렀던 홈퍼니싱 시장 규모는 2023년에는 18조 원까지 성장할 것으로 전망했다.

홈퍼니싱 시장에는 가구, 조명, 그릇, 창호, 침구류 등의 사업으로 분류될 수 있는데, 소셜커머스 쇼핑몰 판매량 중에서 1인 가구들이 주목하는 상품군은 '조명' 부문이라 한다.

그 이유는 가장 손쉽게 집 분위기를 바꿀 수 있기 때문이다. 1인 가구가 사는 방의 면적이 작으니 조명 하나만 바꿔도 집 전체의 분위기가 바뀌는 것은 당연한 법!

조명 중에서도 '레일형 조명'이 인기리에 판매되고 있는데, 이는 집안 인테리어 느낌도 살리고 잔잔한 빛을 통해 분위기를 편하게 바꿀 수 있다는 느낌이 강하기 때문이라 한다.

그 외에 1인 가구의 소비자는 인테리어 소품, 러그와 매트 등을 주로 구매하고 있다. 1인 가구 소비자는 주로 소셜커머스 혹은 오픈마켓을 이용한 홈퍼니싱 아이템의 구매를 주도하고 있다.

대한민국 홈인테리어 시장에서 주목할 만한 트렌드는 건자재 업계의 시장 진입이 상당하다는 점이다. 예전에는 주로 B2B(기업고객 대상 사업) 사업에 주력하던 건자재 업체들이 소비자를 직접 상대하는 시장에 적극적으로 진출하고 있다.

특히 인테리어 상담부터 시공까지 한자리에서 해결해 주는 원스톱 서비스 제공 경쟁이 치열하다. 소비자와 만나는 채널도 백화점식으로 만든 자체 쇼룸형 대형매장부터 전문매장, TV 홈쇼핑 등으로 다양해지고 있다.

가구·침구 등 점점 커지는 홈퍼니싱 시장

홈퍼니싱 관련 품목 성장률 2014년 대비 / 2017년

주방용품
48%

조명/인테리어
29%

가구/DIY
99%

침구/커튼
96%

홈퍼니싱 인기 품목 판매 증감률 2014년 대비 / 2017년

식탁
225%

붙박이장
532%

책상
495%

카페트/러그
668%

[자료원: 옥션]

최근엔 1인 가구주가 직접 진행하는 셀프 인테리어족(族)들을 위한 전문매장도 등장했다. 한국의 한 건자재 업체는 '홈임프루브먼트(Home Improvement)' 전문매장을 2018년 6월에 개장하기도 했다.

　'홈임프루브먼트'란 집을 단장하고 개선하는 등 생활하는 공간의 환경을 개선시키는 일을 통틀어 일컫는 말인데, '홈퍼니싱'과 큰 차이점은 자신만의 공간을 자신의 창작을 통해 '셀프 인테리어'를 한다는 점이라고 업체 측은 밝혔다. 이는 자기만의 공간을 감성적이고 편안한 느낌이 오도록 직접 꾸미는 것이기 때문에 전적으로 개인 취향에 맞춘 나만의 집(방) 꾸미기다.

　여기에 욕실 기업도 토털 홈인테리어 시장에 새롭게 뛰어드는 등 기존 건자재 기업과 가구사가 선점한 토털 홈인테리어 시장의 경쟁구도가 치열해질 전망이다.

국내 인테리어 · 리모델링 시장 규모

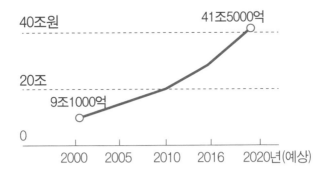

[자료원: 한국건설산업연구원]

무배격

도심 골목을 장악하는 라이프 스타일의 매장들

최근 서울 시내 패션 혹은 맛집으로 유명한 골목골목에는 그릇이나 옷 혹은 꽃 그리고 카페가 함께 있는 복합문화공간 형식의 라이프 스타일 스토어들이 속속 입점하고 있는 중이다.

대한민국 서울의 청담동이나 연남동의 경우, 지은 지 30년이 넘은 2층 가정집 주택을 인수해서 별다른 개조 없이 거의 그대로 사용하는 점포들이 늘고 있다. 이런 점포들이 특징은 1층은 주로 카페로 이용하면서 판매 중인 커피잔이나 접시 그릇 등을 이용해서 고객에게 커피도 제공한다.

당연히 여성 고객이 좋아할 만한 커피잔과 그릇 등을 진열하여 구매를 유혹한다. 2층의 경우에는 패션의류나 신발 그리고 인테리어 소품들을 주로 판매한다. 패션트렌드의 선두 주자라 할 수 있는 서울의 트렌드 발상지 골목골목에는 이러한 의식주 전반에 관련된 '라이프 스타일 스토어'들이 하나둘씩 생겨나고 있는 중이다.

이런 라이프 스타일 스토어의 특징은 패션만 판다거나 가구만 판다거나 커피만 파는 단독숍이 아니라 의식주 전반에 관한 라이프 스타일을 판다는 점이 특징이다. 한 종류의 제품군만 판매한다면 전문스토어가 좋겠지만 생활 전반을 다루는 콘셉트기 때문에 가정집을 배경으로 판매를 하는 것이 더욱 효과적이다.

라이프 스타일 스토어의 원조는 아무래도 '10꼬르소꼬모(10CorsoComo)'라는 이탈리아에서 탄생한 편집숍이다. 1990년 이탈리아의 패션 저널리스트 카를라 소차니가 만든 공간이다.

예술, 패션, 음악, 음식, 디자인 등이 융합된 다기능 공간이다.

가장 큰 특징은 한 건물 안에 패션은 물론 갤러리, 서점, 카페, 레스토랑이 함께 어울려 있다는 점인데, 처음에 이런 복합점포가 생겨났을 때 편집매장 혹은 갤러리숍으로 불리기도 했었다.

하지만 최근 들어 이런 종류의 점포를 '라이프 스타일 스토어'라고 칭하게 되었는데, 한국의 경우 삼성물산 패션 부문이 2008년 이탈리아 밀라노 외 매장 중에서는 처음으로 서울 강남구 청담동에 문을 열었다.

한국의 라이프 스타일 스토어는 '이케아'의 한국 진출 이후에 더욱 발전하고 있는 중인데, 그 이유는 이케아가 제안하는 홈퍼니싱 방식은 실제 가정을 테마별로 제안하는 방식을 채택하고 있기 때문이다.

즉, 소비자들은 각 쇼룸의 유형별 제안을 보고 자신의 집과 연관해서 새로운 홈퍼니싱 제품의 구입 여부를 결정하게 되기 때문이다.

그래서 친구와 혹은 연인과 서울 골목 여행을 나왔다가 커피 한잔하러 들른 스토어에서 그릇 혹은 인테리어 소품까지 쇼핑하고 귀가하는 여성들이 늘어나고 있다.

무배격

4. 餘(여)

🐘 패션의 시작점, 애슬레저의 표현은 신발로부터

최근 패션 아이템의 정점은 신발이다.

신발을 먼저 구입한 후에 패션을 구입하는 소비자가 늘고 있다.

한국은 5일 근무제 이후에 남에게 보이는 패션지향 소비자와 탄탄한 몸매를 과시하고픈 피트(fit)열광형 소비자를 중심으로 신발이 패션을 대표하는 아이템으로 낙점을 받은 것이다.

이처럼 패션을 중시하는 소비자가 신발을 패션의 핫 아이템으로 대변하게 된 가장 큰 이유는 아무래도 '하의 실종' 패션과 '피트니스'를 중시하는 소비자들 덕분이라고 생각된다.

최근의 패션신발의 대명사인 '스니커즈'는 대체로 밑창과 미니멀 디자인에 집중해서 출시한다. 뛰거나 걸을 때 충격을 흡수하는 기능과 기본적으로 가벼움을 주는 기본 기능 이외에 신발 밑창에는 한 개 이상의 포인트를 주는 디자인을 채택하는 추세다.

지금까지 신발 외관에 집중했다면, 앞으로는 신발 밑창에 새로운 마케팅적 시도가 진행될 가능성이 높다. 그 이유는 걸음을 뗄 때 살짝 살짝 보이는 디자인적 차별성, 소재의 차별성이 기존 제품과는 색다른 패션으로 표현할 수 있기 때문이다.

예를 들면, 신발의 윗부분은 검정, 회색, 감색 등 짙은 무채색을 택하고 밑창은 눈부신 형광색으로 조합한 디자인이 그 예다.

애슬레저 위주의 패션의류 시장과 궁합이 맞는 패션성 신발을 신는 셀럽(셀러브리티)들이 늘어남에 따라 패션신발은 점점 발전하고 있는 중이다.

이런 트렌드를 가장 먼저 간파한 곳이 바로 '명품' 브랜드들이다.

아시다시피 명품 가방이나 명품 코트 등은 수백만 원이 있어야 구입할 수 있는 품목이라 선뜻 소비자들이 구매하기 힘든 상품이다. 하지만 '가성비'가 주요 소비자 트렌드로 자리매김하면서 명품의 개념이 꼭 가방에 국한될 필요가 없다고 보는 소비자들의 늘고 있다. 그래서 그들은 몇 십만 원짜리 명품 신발에 눈을 돌리기 시작했다. 최근 유명 럭셔리 브랜드들이 공히 명품 스니커즈 디자인에 집중하는 형국이다.

미국의 경우, 스니커즈와 운동화가 미국 신발 시장의 성장을 주도하고 있다. 2017년 미국 신발 생산업체별 시장점유율 조사에 의하면 1~3위에 오른 3개 기업 모두 스포츠 브랜드로, 스니커즈와 운동화를 생산 및 판매하는 업체였다. 이 가운데 나이키의 시장점유율이 21.1%로 압도적 1위를 기록했으며, 스포츠 브랜드인 '아디다스'와 '스케쳐스'가 각각 4.7%와 3.8%로 2위와 3위에 올랐다.

무배격

이런 현상은 밀레니얼 세대를 중심으로 규칙적인 운동을 주로 하는 애슬레저 인구가 점점 증가하고, 운동복과 평상복의 경계가 무너지면서 운동화의 활용이 더욱 다양해졌기 때문이다.

일상의 편안함을 추구하는 소비자들은 당연히 운동할 때만이 아니라 평상시나 오피스에서도 편안한 신발을 착용함으로써 스니커즈의 수요가 증가하고 있다. 레저용 신발의 판매가 성장하면서 업체들은 착화감이 좋고 편안함을 강조한 신발들을 앞다투어 출시하고 있다.

그래서 운동화 브랜드들이 디자이너 브랜드나 유명 스포츠 스타, 연예인과 협업으로 팬층을 공략하는 마케팅이 효과를 거두고 있다.

한국에서는 명품 브랜드 중의 하나인 '발렌시아가'는 남성용 스니커즈를 90만 원대로 시장에 론칭했는데, 출시되자마자 젊은 소비자층에 의해 바로 품절이 되는 기염을 토했다.

'루이비통' 브랜드도 고급신발 시장을 연구하기 시작했고, '구찌'도 새로운 슬리퍼 형태인 뒤축이 없는 슬리퍼인 '블로퍼'를 출시하여 세계적으로 구찌 열풍을 불러일으키기도 했다.

이밖에도 개인적인 브랜드 파워가 있는 명품 브랜드 디자이너를 중심으로 새로운 디자인의 스니커즈가 판매되고 있는데, 프랑스 디자이너 이자벨 마랑, 영국의 스텔라 매카트니(비틀즈 멤버인 '폴 매카트니'의 딸) 등도 인기 있는 브랜드 디자이너로서 자리매김하고 있다.

대중에 영향력이 있는 유명 셀럽, 연예인, 스포츠인, 뮤지션, 패션 디자이너와의 협업은, 협업 사실 자체만으로도 홍보 효과가 있고, 다양한 분야의 골수팬(덕후)을 두고 있는 유명인의 영향으로 새로운 고객 확보와 새로운 시장을 선점할 수 있는 효과를 기대할 수 있다.

대한민국에서도 명품 신발에 대한 수요가 늘어나고 있기 때문에 백화점을 중심으로 명품 신발 매장을 별도로 구성하여 젊은 소비자층을 유혹하기 시작했다. 수백 만 원의 명품 가방은 들기 힘들겠지만 백만원 안팎의 명품 신발 한 켤레쯤은 간직하고 사용하고 싶은 소비자들이 점점 늘어나고 있다.

여기에 패션신발과 함께 성장 중인 마켓이 바로 '남성용 양말' 산업이다.

세계적인 시장조사전문 기관인 유로모니터(Euromonitor)의 양말류 조사보고서에 따르면, 2015년 미국의 전체 양말류 시장의 규모가 80억 달러로 전년 대비 4% 성장했다고 한다.

전체 양말류 시장의 성장은 애슬레저 트렌드의 영향을 받

〈호주 멜버른의 양말 전문점〉

아서 원색과 다양한 디자인을 추구하게 된다. 나이키와 아디다스 같

은 스포츠 양말들은 우수한 기능뿐만 아니라 다양한 패턴과 디자인으로 시장에 제안 중이다.

21세기 소비자들에게 있어서 양말은 단순히 발을 보호하는 소모품이 아니라 패션의 마침표를 찍는 자신들의 개성을 살려줄 패션 아이템으로 인식하는 경향이 크다.

미국 경제 전문 비즈니스 저널인 '블룸버그'에 의하면, 2014년 미국 남성 양말시장은 총 28억 달러 규모이며, 2012년에서 14% 증가했다. 미국의 남성패션 시장에서 남성 소비자들은 남성패션의 센스를 양말이 기존 넥타이를 대신해서 보여준다고 믿는 경향이 있다.

● 쉼터

한국의 전통시장은 어떤 서비스로 대형마트와 대적할 것인가?

아마 한국 전통시장의 미래를 밝게 보는 분이 많지는 않을 것이다. 하지만 우리보다 한발 앞선 일본의 전통시장을 통해서 좋은 점을 배운다면 이야기는 달라질 듯하다.

일본의 전통시장도 대부분 한국과 마찬가지로 편의점이나 대형마트에 의해 최대 위기를 맞고 있어 새로운 차별화 전략이 필요하다. 이 중에서 일본의 도쿄 남동쪽에 위치한 나카노부 시장의 컨시어지 서비스를 대한민국 전통시장에 접목시킨다면 현재의 난국을 어느 정도 돌파할 수 있으리라 생각되어 적극 추천하고 싶다.

결론만 추출하면,
전통시장 주요 고객에 대한 지역밀착형 맞춤서비스를 제공한다.

대한민국 전통시장의 벤치마킹 사례로 일본 나카노부 시장의 성공사례를 살펴보기로 하자.

우선 시장상인회를 중심으로 먼저 주민 자원봉사자를 이백여 명을 선발하여 이 시장의 주요 고객들의 불편사항을 미리 예방하거나 쇼핑을 도와주는 호텔급 컨시어지 서비스를 제공하고 있다. 주요 고객을

무배격

위한 상품 개발과 서비스 집행이 주요 전략인 셈이다.

주요고객층을 향한 무한 서비스 전략을 미리 수립하라

50대 이상의 주요 고령 고객층을 위해 교통편을 제공하거나 혹은 옆에서 부축하는 서비스를 제공하는 것은 물론이고, 각 가게마다 대표 상품을 개발해서 저렴하면서 가격대비 가치가 높은 제품군을 제안한다. 즉, 1가게 1대표상품을 미리 지정해서 주요 고객층이 기억하게 만든다.

고령자가 좋아할 만한 한 끼 식사를 준비하라

요즘 한국의 대형 식품업체들이 제안하는 HRM(Home Meal Replacement, 가정식 대체식품)의 방식처럼 고령자가 집에서 쉽게 데우기만 하면 바로 식사를 할 수 있는 초간편 식단을 2~3천원에 제안하고 있다. 지금까지 식재료만을 판매했다면 이제부터 완성된 한 끼 식사를 제공해라.

어미너티(amenity) 공간을 미리 많이 준비하라

쾌적성·아름다움·고상함·즐거움·쾌락성 등을 일으키는 공간인 '어미너티' 공간을 미리 많이 준비한다. 물론 소비자가 구매하는 제품이 아닌 휴식의 공간이 중요하다. 고령층 고객들이 쇼핑을 하다가 쉴 수 있도록 시장 곳곳에 벤치를 설치한다. 이왕이면 무료 음료 서비스도 준비해 보자.

큰 글씨 가격표 등 디테일한 사전 마케팅이 중요하다

고령층 고객 눈이 잘 보이지 않으니 모든 상점의 가격표 글씨는 다른 시장보다 2배가량 키워서 쉽게 가격이나 상품 정보를 볼 수 있도록 배려했다. 눈이 침침한 고객을 위해 돋보기 제공 등 세심한 배려를 시장 곳곳에 준비하도록 한다.

자원봉사자에게 상품권을 지급하여 매출 활성화의 마중물로 사용하라

미리 선발한 쇼핑 도우미인 이백여 명의 자원봉사자들에게 전통시장 상품권을 감사의 표시로 줌으로써 시장 활성화에 도움을 주게 된다. 또한 시장 인근 소매점과의 공동 마케팅으로 전통시장 상품권을 지역화폐로 사용한다.

불황엔 마니아 고객을 잡아라! 한정판 마케팅

불황과 상관없이 꾸준히 커지는 마켓이 있다. 무엇일까?

바로 '희귀 한정판 브랜드 제품'만을 판매하는 스토어 비즈니스이다.

특정 아이템에 꽂힌 마니아들을 위한 이색 마켓이다. 이들은 한정판이나 희귀 아이템이 나오면 오프라인 혹은 온라인을 불문하고, 가격이 비싸거나 구입 절차가 까다로워도 날밤을 새우는 것에 조금의 망설임도 없다.

이런 제품류는 거의 대부분 판매 시점과 판매 개수를 미리 알려주는 마케팅을 전개한다. 이 마니아층 사람들은 오랜 시간 기다리는 수고를 즐기는 듯하다. 특히 날씨가 안 좋거나 추운 겨울 날씨임에도 불구하고 몇 날 며칠을 먼저 와서 줄을 만들고 기다리는 사람들을 보면 보통 사람들은 이해를 하지 못한다. 이들에게 해당 아이템은 목숨과도 같은 아주 고귀한 생명체라는 사실을 이해하지 못한다면 말이다.

그래서 불황기에 접어든 세계 유통업체들은 한정 상품 마케팅에 어울리는 아이템 찾기에 혈안이 된다. 대부분 이런 진귀한 한정판 아이템은 우선 '신발'이라는 아이템에서 전개되고 있다.

① 한정판 신발의 위력(에어조던 시리즈VS커리 시리즈)

몇 년 전, 아들과 미국을 방문했던 때 일이다. 아들의 부탁으로 나이키 조던 시리즈만을 판매하는 스토어를 찾아갔다.

아시다시피 나이키의 '조던' 시리즈는 농구선수 마이클 조던 백넘버 23번을 기념하기 위해 1번부터 23번까지 내놓은 농구화 시리즈다. 출고 가격은 15만~20만 원 이내지만 재판매되는 스토어에서는 판매되는 가격은 거의 부르는 것이 값이다. 세상이 바뀌어 이곳은 고객이 왕인 세상이 절대 아니다. 공급자 중심의 마켓인 것이다.

이처럼 마니아층만을 위한 마케팅은 이들이 만들어 가는 SNS 활동으로 인해 자동으로 상품 홍보가 될 뿐만 아니라, 제품 이미지에도 도움이 되고, 연관 구매로 매출도 올리는 일석삼조의 효과를 노릴 수 있다.

미국 LA의 시내 근처에 있는 '리틀 도쿄'에 있는 '조던 나이키 에어' 판매점을 방문한다. 리틀 도쿄 상권은 예전에 비해 많이 퇴색된 느낌이다. 그 이유는 예전에 왔을 때보다 매장을 중심으로 거리에 걸인이 많다는 점이다. 이는 상권이 쇠퇴하고 있음을 방증한다. 전반적으로 어두운 매장 분위기임에도 불구하고 많은 고객들이 매장 안에 가득하다.

이 색다른 형태의 스토어에는 이곳만의 구매 절차가 있기 때문에 현지인 도움이 없이 관광객이 구입하는 것은 상당히 어렵다. 이 매장에서는 한 짝만 비닐로 랩핑하여 전시, 판매한다. 구입하고자 하는 디자인을 발견하면, 신발 밑면에 있는 정보를 탐색한다. 여기에는 구입이 가능한 사이즈 정보가 스티커 형태로 있다. 자신이 원하는 디자인과 사이즈가 있음을 안 구매 희망자는 카운터에 가서 현금을 주고, 나머지 한 짝을 받게 되면 구입 프로세스가 끝이 난다.

우선 이곳에서 원하는 아이템을 선정해야 한다. 조던 시리즈 중에 어떤 시리즈인지 그리고 사이즈는 얼마인지 사전에 의사 결정을 하고 있어야 한다.

즉, 자신의 신발 사이즈를 미리 알고 있어야 한다. 아들은 우선 자신의 정확한 발 사이즈를 알아내기 위해 사촌 형의 도움을 받았다. 사촌 형이 카운터에 가 몇 번의 질문 끝에 알게 된 발 사이즈를 토대로 자신이 원하는 시리즈 아이템의 유무를 문의해야 했다.

만약 해당 아이템이 있다면 카운터에서 나머지 한 짝을 받게 된다. 이때, 유의할 점이 있는데, 절대 착용하고 걸어 다니면 안 된다. 그 이유는 바닥에 흙이 묻으면 안 되기 때문이다.

제품이 마음에 들면 카운터에 가격을 문의한다. 가격 흥정은 절대 안 된다.

사겠다는 사람이 줄 서 있기 때문에 지금 사든지 아니면 포기하든지 둘 중의 하나다. 일단 이런 희귀품을 사겠다고 먼 이국땅까지 왔으니 조금은 비싸 보이지만 구매를 결정한다. 이 매장에는 사람이 많이 몰려 있기 때문에 큰 서비스를 기대해선 안 된다. 내가 원하는 아이템이 있다면 황송하게 고마워(?)해야 하는 형편이다.

과연 우리 지구상에 이런 배짱 좋은 장사가 어디 있을까!

다음 날은 할리우드 Fairfax 근처에 있는 나이키조던 전문매장에 들렀다. 어제 들렀던 '리틀 도쿄'에 있는 매장보다 화사하고 조금 더 큰 평수를 지닌 매장이었다. 이곳에서는 어제 구입한 한정판 조던 시리즈가 아닌 보급형 나이키 조던 신발을 구입했다.

정말 나이키 조던 신발은 시리즈의 위력이 대단해서 그런지 세월이 아무리 흘러도 시중에서 구입하기가 너무 힘이 든다. 한정판으로 제품을 만들기 때문에 마니아층은 날밤을 새워 줄 서서라도 구입하고 싶은 아주 귀중한 보물이다.

이것이 이런 점포가 탄생한 이유다.

미국에만 있는 독특한 한정판 매장의 위력을 체험한 순간이다. 이 스토어에 희귀 아이템을 맨 처음 구입한 사람이 자신의 보물을 비싼 가격에 팔아 달라고 맡긴다. 업주는 팔고자 하는 희망 가격에 자신들의 이자를 붙여서 판매하는 독특한 형태의 상점이 있다는 것을 이번 미국 여행에서 처음 알았다. 이런 상점은 나이키 직매장도 아니고, 가맹점도 아닌 자생적으로 탄생한 독립형 매장으로서 한국에서는 보기 힘든 매장 형태이다.

② 한정판 브랜드, 슈프림(Supreme)은 대법원을 넘어섰다

2018년 8월 13일 월요일 아침, 미국 뉴욕의 가판대는 '뉴욕포스트 (Newyork Post)'를 사려는 사람들로 인해 인산인해였다고 한다. 하루 23만 부 인쇄되는 신문이 출근길에 벌써 완판되었다.

이날 뉴욕포스트가 품절된 이유가 바로 '한정판의 위력'을 보여주는 사례다.

바로 '슈프림(Supreme)' 때문이었다.

신문 1면 제목 아래엔 하얀 전면에 '슈프림'이란 패션 브랜드의 로고 만 덩그러니 찍혀 있는 신문 때문에 사람들은 앞다투어 구매를 했다. 신문 앞면에 실린 빨간색 직사각형에 흰색의 푸투라(Futura) 폰트로 쓰인 'Supreme' 때문이다.

'슈프림'의 팬들은 이 신문을 구입하기 위해 '이베이' 등을 통해 신문 가격(1달러)의 7배에서 20배가 넘는 가격으로 구입하려 했지만 실패 했다고 한다. 이번 '슈프림'과 '뉴욕포스트'의 콜라보레이션은 2018년 에서 가장 뛰어난 사례라고 평가하는 시사평론가가 나타날 정도였다. 당연히 '뉴욕포스트'는 '슈프림'의 팬심을 겨냥해 젊은 독자층을 늘리

려 했을 것이고, '슈프림'은 나이 많은 기성세대를 향한 브랜드 홍보 효
과를 위해 손을 잡았을 것이다.

〈출처: independent.co.uk, 2018.8.13.〉

1994년 뉴욕에서 스케이트 보더용 의류와 액세서리를 만들기 시작
한 패션업체인 '슈프림(Supreme)'은 '한정판'이라는 마케팅 전략에 힘
입어 이 회사의 로고가 박힌 벽돌도 구입할 정도로 소비자층이 두텁
다. 대부분 한 번 만들 때 400점만 만들고 품절되면 다시 출시하지 않
는 전략을 고수한다. 그래서 신상품이 나오자마자 품절이 된다. 당연
히 중고 사이트인 '이베이'에서는 최초 소비자가격의 몇 배의 가격으
로 거래되는 실정이다.

'슈프림'은 세계 여러 도시에 지점을 두고 있지만, 뉴욕에 본부를 두

무배격

고 있어서 그런지 뉴요커들에게 상당히 사랑을 받고 있다. '슈프림'은 앞으로 대법원(영어로 슈프림 코트, supreme court)을 넘어서는 브랜드 파워를 보여줄 듯싶다.

이처럼 한정판 대박 상품의 성공 법칙을 보면 간단해 보인다.

한정판 상품의 마케팅 효과는 대부분 다른 사람들 동향에 관심이 높아서 일명 '사회적 비교지수'가 상대적으로 높은 문화에서 열광하는 경향이 크다. 그래서 '덕후' 집단에서 이런 현상을 주로 발견할 수 있다.

어떤 아이템이나 문화에 열광하는 집단에 속한 소비자는 해당 집단에 속한 사람들이 갖고 있는 같은 관심거리에 가장 신경을 쓰게 마련이다. 여기에 '사회적 이슈'까지 더해 준다면 한정판 상품의 가치는 더욱더 높아질 것이고, 당연히 이들만이 가질 수 있는 상징적인 필수품은 대박 상품이 될 수밖에 없다.

정말 이런 장사 아이템을 찾기만 한다면 참으로 돈 벌기 쉽다고 생각될 정도다.

시장점유율 경쟁 말고 일상점유율에 집중하라: 이제 마케팅 불변의 법칙은 잊어라!

1960년대부터 시작된 현대 마케팅은 말 그대로 시장(마켓)에 집중되었다. 모든 기업은 시장점유율을 높이기 위해 동종 업종의 경쟁업체를 이기기 위한 일에만 집중하여 오로지 경쟁 일변도였다. 그래서 기존 시장에 존재하는 모든 경쟁자들을 물리치기 위한 시장점유율 뺏기 경쟁이 주요 의사 결정 사항이었다.

하지만 이제는 '시장' 중심이 아니라 '소비자' 중심으로 바뀌어야 한다.

왜?

지금은 품격 소비 시대이기 때문이다.

그래서 지금까지 조금이라도 매출을 더 일으키려는 마켓 제로섬 게임, 다른 경쟁기업으로부터 시장점유율을 뺏어 오는 저급한 마케팅에서 이제 벗어나야 한다.

자신만의 소비자를, 충성고객을 더 많이 확보하고 그들의 일상생활에 더 깊이 관여하고 그들과 충분히 대화할 수 있는 쌍방형, 맞춤형 마케팅만이 21세기 소비자로부터 환영받을 것이다.

이것이 바로 고객의 일상을 점유하는 라이프셰어(life share)형 마케팅이다. 이런 마케팅을 이해한다면 '업의 개념'이, '품의 개념'이 얼마나 중요한지 알게 될 것이다.

이런 개념을 이해하면 '나이키'의 경쟁사는 '아디다스'가 아니라 스마트폰의 '게임앱'이 되는 것이다. 그래서 최근의 일류 기업군과 일류 브랜드의 순위를 보게 되면 일상점유율 상위의 기업들이 대표하고 있음을 알게 된다.

아마존, 넷플릭스, 애플, 유튜브, 구글 등 주식시장에서의 황금주 종목과 정확히 일치하지 않는가.

이것이 바로 일상생활 점유에 경영을 집중시킨 일류 기업들의 마케팅이다.

도시 소비자들의 삶을 바꾸는 슬로 라이프(Slow Life)

바쁘게만 돌아가는 우리 사회에서 어느 순간부터 느리게 가는 삶, 천천히 가는 삶을 즐기려는 소비자들이 조금씩 늘어나고 있다. 너도 나도 '빨리빨리'를 외치며 빨리 가야만 했던 고도성장의 시대에서 벗어나 이젠 나름대로 내가 정한 속도에 맞추어 느리게 살려는 '느림의 아름다움'을 인정하는 모습이다.

오로지 돈만 벌기 위해 쫓기듯 삶을 사는 것에 대한 회의가 점점 커지는 도시 소비자들이 최근 주간 52시간 근무제에 편승해서 느리게 사는 삶에 관심을 갖게 되었다.

또한 다른 사람과의 비교와 경쟁에 지쳐버린 도시 소비자들은 점점 다른 사람과의 삶과 비교하거나 비교당하는 것을 거부하는 '나만의 삶'을 개척해 가고 있다는 것은 상당히 고무적인 현상이라 볼 수 있다. 이제부터 남보다 빨라야 살아남았던 속도의 사회에서 벗어나 '나만의 캐릭터'를 살린 '온리원(Only One) 라이프'로 방향 전환을 하는 도시 소비자들이 늘고 있다.

내가 저술한 책 중『장사의 99%는 트렌드다』에서도 밝혔듯이 대한민국은 2015년부터 슬로 라이프를 즐기려는 소비자층이 점점 늘어나고 있다. 모든 것이 너무 빨리 변하고, 모든 것이 너무 바쁜 도시의 삶, 이런 도시에 살기 위해 필살기로 갖추어야 할 능력이 패스트(fast)라는 공식에 도전을 하는 한 해가 될 것이라고 주장했었다. 아무리 IT가 발전하고, 모바일 기술이 발전해도 이젠 하나하나 제대로 짚고 넘어가야 할 시기다.

우리가 먹는 음식도,
우리가 구매하는 IT 제품도,
우리가 주말이면 즐기는 쇼핑 활동도,
우리가 즐겨 입는 패션 제품도,
우리가 늘 자극적인 소재만 좋아하던 TV도

무배격

전부 새로운 관점에서 재조명해야 한다.

내가 2015년을 슬로 라이프 원년으로 칭하는 이유는 간단하다.

아무도 볼 것 같지 않았던 시골 이야기인 〈삼시 세끼〉가 높은 시청률을 나타내는 현상을 보고, 나는 깨달았다. 이젠 아무리 바쁜 도시 소비자일지라도 철저하게 슬로 라이프를 즐길 수 있는 세상이 되었다고 말이다.

음식을 음미하면서 천천히 식사를 즐기는 슬로푸드 문화가 점차 확대·발전하는 분위기의 한국은 전 세계를 상대로 슬로푸드 비즈니스 가능성이 큰 국가라 할 것이다.

바쁘기만 하고 거의 실속이 없던 우리네 라이프 스타일에 일대 변혁이 오고 있다. 바로 잠시 멈춰 서서 자신을 돌아보는 슬로 라이프 중심형 소비자들이 한 목소리를 내기 시작했다.

느림, 멈춤, 단순, 되돌아보기 등이 슬로 라이프의 키워드로 떠오르게 되었다. 시간이 갈수록 불황과 경쟁에 지친 도시 소비자들이 슬로우 라이프를 즐기기 위한 반향적 소비를 주도하게 된다.

소비자들은 새로운 디지털 기술을 최대한 이용하여 가치 중심의 공유경제와 똑똑한 소비의 주체가 되고 있다. 당연히 온라인과 오프라인의 경계 없이 자유로운 나비처럼 이 업태, 저 업태를 날아다니고 있다. 주머니에는 현금도, 카드도 없이 말이다.

단지 스마트폰 하나만 있으면 만사형통인 세상에서 자유롭게 쇼핑을 즐길 것이며, 지금까지 보지 못했던 별 노력 없는 쇼핑 행위를 자유자재로 누리게 될 것이다.

그렇다면 슬로(slow)의 가치는 무엇일까?

① 푸드업계에 불어오는 '슬로푸드' 운동

우리가 삼시 세끼를 먹는 음식업계에서도 슬로 현상은 꾸준히 지속적으로 발전하고 있다. 일명 슬로푸드(slow food) 운동이다.

원래 '슬로푸드' 운동은 이탈리아 로마 스페인 광장에 맥도날드가 생기는 것에 대한 반발로 카를로 페트리니(Carlo Petrini)에 의해 1986년에 시작되었으니까 어느 정도 시간이 많이 흘렀다.

'슬로푸드'는 지역 생산, 전통적인 방법, 소규모 생산을 강조하고 있으며 여러 사람이 함께 음식을 먹는 것을 권장하고 있다. 이러한 개념은 맥도날드가 추구하는 빠른 대량생산과 대량소비에 대한 거부 운동으로 시작되었다. 이는 마치 우리네 시골에서 여럿이 모여 식사를 함께하는 풍습과 일치한다.

아무리 '슬로푸드'가 외국에서 탄생했지만 그 꽃은 우리나라에서 피지 않을까 하는 것이 내 생각이다. 반만년 동안 이어져 내려온 우리네 음식 문화에서 그 답을 찾을 수 있다.

김치와 젓갈 같은 발효음식은 오랜 세월의 숙성이 아니면 제맛을 낼 수 없다. 그렇기 때문에 앞으로 전 세계적인 슬로푸드의 대명사가 될 수 있다.

또한 한국은 전통음식과 함께 불교음식들이 잘 보존되어 있다. 사찰음식은 외국인들에게도 매혹적인 슬로푸드이다.

최근 미국인들은 음식을 천천히 먹는 것을 받아들이고 있다. 사찰음식은 그런 흐름과 맥을 같이한다.

사찰음식을 꼭 절에서만 먹어야 하는 것은 아니다. 또한 외국인들의 반응도 좋기에 이런 메뉴들과 전통적인 분위기를 무기로 해외 진출도 노려볼 만하다. 한류 열풍이 일어나고 있는 현 시점은 해외 진출의 호기다.

② 패션업계에 불어오는 '슬로 패션' 운동

'슬로 패션(slow fashion)'은 SPA같은 패스트 패션(fast fashion)에 반대되는 말이다. '슬로 패션'이라는 용어는 영국의 지속가능패션센터 (Sustainable design center)의 케이트 플래처(Kate Fletcher)가 2007년에 처음 사용하였다.

슬로 패션은 클래식한 디자인으로, 지역 내 장인에 의해 전통 방식으로 천천히 생산하여 오래 입을 수 있는 제품 이상을 의미한다. 슬로 패션은 생산 방식과 소비 패턴뿐만 아니라 더 나아가 윤리적인 소비를 생각하는 소비자층으로 지속적으로 발전하고 있다.

그래서 슬로 패션은 유행에 민감하지 않은 양질의 제품을 구입해 오래 입기, 필요 없는 의류 구입 지양하기, 스스로 만들어 입거나 돌려 입기, 중고 의류를 재활용하기, 가지고 있는 의류를 최대한 활용하여 미적 가치를 추구하되 소비를 증가하지 않기 등도 해당된다.

슬로 패션의 개척자로는 1993년 설립된 쓰다 버린 트럭 덮개, 폐차 안전벨트 등을 활용해 가방을 만드는 스위스 패션 업체 '프라이탁 (www.freitag.ch)'이 있다. '프라이탁'은 마커스 프라이탁, 그래픽 디자이너인 다니엘 프라이탁 형제가 설립한 가방 제조 회사이다.

처음에는 비가 와도 크게 젖지 않게 할 만한 튼튼한 '메신저백'을 만들어야겠다는 생각으로 가방을 만들었다. 그래서 가방의 소재도 아주 튼튼한 '타폴린'이라는 방수천, 자동차의 안전벨트, 폐자전거의 고무 튜브 등을 재활용 소재로 해서 제작하기 시작했다. 제작 공정에서 1년에 트럭 천막 200톤, 자전거 튜브 7만 5,000개, 차량용 안전벨트가 2만 5,000개가량이 소모된다고 하니 재활용을 통한 지구환경 보호에 참 많은 도움을 주고 있다.

모든 제품은 수작업으로 만들어지고, 모든 제품은 당연히 개별적 디자인을 가질 수밖에 없어서 고가에 팔린다. 일반적으로 가방의 낱개 가격이 20~70만 원이므로 고가에 속하지만, 이런 제품의 특성과 본 브랜드의 가치를 동조하는 소비자들이 성원에 힘입어 세계 350개 매장에서 연간 500억 원어치가 팔린다.

똑같은 제품이라 하더라도 디자인이 다를 수밖에 없는 소재 선택으로 인해 '나만의 패션' 아이템을 찾는 소비자들에게 매력적으로 다가오고 있는 '업사이클링' 산업도 슬로 패션에 속한다.

'슬로 패션'은 말 그대로 제조와 유통 과정이 패스트 패션과는 달리 상대적으로 오랜 시간을 들여 만들어지는 패션을 말한다. 재활용을 활용하는 '업사이클링'은 친환경 소재로 만든 '슬로 패션'에 속하는데, 전 세계적인 패션 트렌드 중 하나로 자리매김하고 있다.

패스트 패션은 아시다시피 대량생산되다 보니 소비자 각 개인별 개성이 떨어진다. 또한 가격이 저렴하다 보니 소비자 입장에서는 계속 잘 보관해서 알뜰살뜰 다시 입는 방식이 아니라 쉽게 버리게 된다. 당연히 지구 환경오염의 주범이 되기도 한다. 그래서 중국 섬유 산업은 매년 250만 톤에 달하는 폐수를 방출하게 됐고, 미국에서 생산되는 옷의 85%는 매립지에 버려진다고 한다.

당연히 깨끗한 지구를 후세에 물려주고 싶은 의식 있는 소비자들은 지구를 지키고, 토양오염을 줄이는 업사이클링 제품을 선택하게 된다.

③ 도시 소비자들이 원하는 '슬로 쇼핑'

우리에게 쇼핑이란 무엇인가?

이젠 쇼핑을 재정의해야 하는 시대가 아닐까 한다.

세계 대도시마다 '패션 스트리트'라 불리는 쇼핑의 거리가 있다. 파리의 샹젤리제 거리나 런던의 옥스퍼드 스트리트, 뉴욕의 피프스 애비뉴, 도쿄의 긴자 같은 거리가 그곳이다.

하지만 이런 대규모의 거리뿐만 아니라 한가롭게 기웃거릴 수 있는 쇼핑거리는 해당 도시 여기저기에 많이 있다. 그야말로 식사 후에 어슬렁거리면서 쇼핑을 하는 분위기를 만들어 주는 쇼핑거리가 바로 '슬로 쇼핑'의 제공처다.

꼭 사지 않아도 되고, 옆에 착 달라붙는 호객 행위가 없는 쇼핑, 잠시 벤치에 앉아 쇼핑하는 사람들을 구경할 수 있는 쇼핑이 바로 '슬로 쇼핑'이다.

기존 쇼핑이 필요한 상품만을 찾아 빨리 구입해 돌아가는 것이었다면 '슬로 쇼핑'은 패션과 예술, 문화가 공존하는 곳에서 편안하고 여유롭게 즐기며 구매도 하는 패턴이다.

'슬로'를 앞에 단 비즈니스 대부분이 그렇듯이 당연히 '슬로 쇼핑'도 대규모, 대자본보다는 소규모에 소자본으로 시도할 수 있다는 장점을 지닌다. 물론 한 점포만으로 '슬로 쇼핑' 분위기를 자아내기는 어렵다. 뜻을 같이하는 이웃 점포들과 협업을 통해 조성해 나가야 할 것이다.

'슬로 쇼핑'이란 기존 쇼핑에 반하여 말 그대로 편안하고, 여유롭게, 천천히 즐기며 구매하는 쇼핑을 말한다.

시간에 쫓기듯 바쁘게 필요한 제품만을 콕 찍어서 구매하는 방식에서 벗어나, 패션과 예술 그리고 문화가 공존하는 복합 매장에서 여유롭게 시간을 갖고 천천히 매장의 여러 부분을 보고, 느끼고, 체험하면서 구매하는 아주 편안한 개념의 쇼핑을 말한다.

④ 도시 전체가 슬로 테마로 조성된 도시, '슬로 시티'

전 세계적으로 슬로 시티(slow city)가 점점 늘어나고 있다. 사람들이 '걷기 운동'에 심취하기 시작했다.

제주도 '올레길' 이후로 전국은 각종 올레길과 둘레길이 생겨나고 시간이 나면 걷고자 하는 취미생활자들이 하나둘씩 늘어나고 있다. 걷기를 하면서 자연과 하나 되고픈 도시인들을 위해 지방 도시들이 '슬로 시티'를 표방하고 나섰다.

슬로 시티 운동은 느림과 여유의 가치를 지향하는 것으로, 1999년 이탈리아의 작은 산골마을에서 시작됐다. 지역이 본래 가진 자연환경과 고유 음식, 전통문화 등을 지키며 지속가능한 발전을 추구하는 삶의 자세를 말한다.

이렇듯 쾌적한 교통편도, 고급스러운 음식점이나 숙박 시설도 없고, 신나는 놀이기구나 거창한 볼거리가 있는 것도 아닌 곳에 사람들이 모인다. 보다 빠르고 쉽고 편한 것을 찾는 현대 문명의 흐름을 거슬러 '느림'을 추구하는 곳, '슬로 시티(slow city)'가 지자체 경쟁력을 키워 주고 있다.

'슬로 시티'로 지정되려면 인구가 5만 명 이하이고, 도시와 주변 환경을 고려한 환경 정책을 실시해야 하며, 유기농 식품의 생산과 소비, 전통음식과 문화 보존 등의 여러 조건을 충족해야 한다. 우리나라에서는 전북 전주, 전남 완도·신안·담양, 경남 하동, 충남 예산, 경기 남양주, 경북 상주·청송, 충북 제천, 강원 영월 등 열한 곳이 있다. 점점 생산인구가 줄어드는 시골의 지자체장이라면 당연히 '슬로 시티'를 시 사업의 중점 사업으로 천명하고 이런 느린 도시를 만들기 위해 노력을 경주해야 할 것이다.

⑤ 폭력적이고 재미만 추구하는 TV 프로그램에 도전장을 내민 '슬로 TV'

'슬로 TV'는 일상을 있는 그대로 촬영한 영상으로, 편집을 하지 않고 최대 134시간 동안 방영하기도 한 TV 프로그램이다. 북유럽 노르웨이 사람들이 가장 좋아하는 TV 프로그램이 바로 '슬로우 TV'라고 한다.

극적인 부분도, 갈등도, 자극도 없이 그저 밋밋하게 흘러간다는 '슬로 TV'를 시청자들이 재미있게 볼 것인가. 특히 한국같이 갈등 위주, 막장 위주, 탄생의 비밀을 간직하고 시작하는 드라마 위주의 나라에서 말이다.

노르웨이 '슬로 TV' 프로그램에서 내보내는 장면들은 우리에게 굉장히 익숙한 풍경들이다. 노르웨이의 '슬로 TV'는 2009년, 노르웨이 공영방송 NRK에 의해 시작되었다. 노르웨이의 서남부 해안도시 베르겐에서 수도 오슬로로 가는 기차 맨 앞에 카메라를 설치했다. 기차가 달리는 약 7시간 동안 이 카메라가 찍은 장면은 '베르겐 기차 여행(Bergen Line, 일러스트)'이란 제목으로 방영됐다. 덜컹거리는 바퀴 소리와 함께 끝없이 이어지는 눈 덮인 풍경이 무료하게 지나갔다.

TV 화면은 터널의 어둠도, 열차가 잠시 멈춘 동안 정지 화면도 그대로 보여줬다. TV를 보고 있으면 마치 기차에 앉아 창밖을 내다보는 듯한 느낌을 줬다. 과연 시청률이 얼마나 나왔을까?

이 프로그램은 무려 15%의 시청률을 기록했다. 이 시간에 편성됐던 다른 프로그램 시청률(4%)의 4배였다. '베르겐 기차 여행'에는 선정적 노출도, 잔인한 폭력도, 눈물샘을 자극하는 이야기도 없었다.

이런 '슬로 TV'가 대한민국으로 와서 〈삼시 세끼〉, 〈숲속의 작은 집〉 등으로 약간 변형되어 방송되고 있는 중이다. 특히 〈숲속의 작은 집〉

이라는 프로그램 참가자는 챙겨 온 물건 중 꼭 필요하지 않은 것들을 반납하고 식사도 흰쌀밥과 반찬 한 가지로 1박 2일 혹은 2박 3일간 수도, 전기 없이 모든 것을 자급자족하는 삶을 살아야 한다. 이밖에 '햇빛으로 일어나기', '계곡 소리 담기', '꽃 이름 붙이기' 등의 과제를 수행해야 한다.

하지만 한국은 노르웨이 같은 프로그램을 시청자들이 받아들이기에는 좀 더 시간이 필요해 보인다.

대한민국만큼 '먹방' 프로그램이 많은 나라가 있을까?
대한민국 TV 프로그램(공중파 및 개인이 방송하는 1인 방송 포함)만큼 비만을 초래하는 '먹방' 프로그램이 많은 나라가 없을 것이다.

대한민국의 TV 프로그램은 여기를 틀어도, 저기를 틀어도 대부분 연예인이 나와서 자신의 먹는 실력을 자랑하는 프로그램 일색이다. 주로 밤 심야 시간에 '먹방' 프로그램을 설정하여 시청자로 하여금 따라 먹게 만드는 의도는 무엇인지 모르겠다.

이런 프로그램들에 의해 오랜 기간 노출된 결과인지 대한민국 만 19세 이상 성인의 비만율이 34.8%가 나타났다(2016 국민건강통계, 보건복지부 · 질병관리본부 발표). 특히 성인 남성 비만율은 42.3%를 기록함으로써 10명 중 4명은 배불뚝이 아저씨라는 점이 충격을 주고 있다.

여기에 각종 만성질환 지표도 악화되는 중이다. 고혈압은 2016년 29.1%로 늘어났고, 당뇨병은 11.3%로 늘어났고, 흡연율은 23.9%로 늘었고, 음주율(1년 동안 한 달에 1회 이상 음주한 사람들의 비율)도 같은 기간 61.9%로 늘어났다.

경제협력개발기구(OECD)에 따르면, 한국의 고도비만 환자(BMI 30 이상) 비율은 조사 첫해인 1998년 2.7%에서 2015년 4.6%로 70% 급증했다. OECD 보고서에 의하면 최근 20년 내 고도비만 환자가 두 배 수준으로 늘어난 나라는 세계적으로 한국과 노르웨이뿐이라고 경고했다.

즉, 대한민국은 비만율 증가 속도가 세계에서 가장 빠른 나라라는 소리다. 이런 비만이 가져오는 사회·경제적 손실은 통계청 자료에 의하면 2006년 4조 8,000억 원에서 2015년 9조 2,000억 원으로 급증했다고 한다.

이로써 대한민국은 10년 사이에 사회·경제적 손실이 2배를 훨씬 넘어섰다. 부랴부랴 대한민국 정부는 비만과의 전쟁을 선포하고, 전 국민의 비만을 관리하기 위한 종합 대책을 2018년 처음으로 내놓았다. 비만은 '개인 미용 차원'이 아니라 '사회경제적 문제'로 접근해야 할 것이다.

비만은 개인만의 문제가 아니라 사회적인 문제라는 점을 TV 프로그램 기획자분들은 각성해 주시면 좋겠다. 이제부터 올바른 식습관과 운동을 병행하는 모범적인 남녀 연예인을 선정해서 이들을 대상으로 하루 일과를 촬영하여 설명해 주는 '슬로 건강 TV'를 기획해 주었으면 한다.

아무래도 청소년들에게 가장 큰 영향력은 학교 선생님도 아니고, 부모님도 아닌, 인기 연예인일 테니 말이다.

미래 소비자를 위한 지각 있는 TV 예능프로그램 PD가 많이 나왔으면 좋겠다.

※ 체질량지수(BMI): 몸무게(kg)를 키(m)의 제곱으로 나눈 값으로 비만율의 기준으로서 대한민국은 BMI 25 이상이면 비만, 30 이상은 고도비만으로 분류한다.

🐘 품격 있는 삶을 위한 선진국(독일, 일본)의 공통된 매장

여러분은 '독일'과 '일본'이라는 나라의 공통점을 아시는지?

제2차 세계대전의 패전국이면서, 단시일 내 국가 재건에 성공하고, 나아가 세계 경제를 선도하는 나라, 기본에 충실하고, 근면성실함을 무기로 원칙을 아주 잘 지키는 나라.

두 나라는 유럽과 아시아권을 대표하는 국가로서 해당 지역의 경제 및 라이프 트렌드를 선도하고 있다.

나는 인간 중심의 '품격커머스'가 진행되는 선진국 중 독일과 일본을 집중적으로 시장조사를 했고, 그곳에서 공통점을 발견하게 된다.

<mark>그들은 다른 나라에 비해 여성과 고령자를 위한 케어 서비스에 집중되어 있다는 점이다.</mark>

① 일본 도쿄, 이세탄 백화점의 뷰티 아포세카리(Beauty Apothecary)

나는 매번 일본의 '도쿄'를 시장조사를 가게 되면 항상 신주쿠에 있는 '이세탄' 백화점을 구석구석 조사한다. '이세탄' 백화점을 자세히 조사하는 이유는 간단하다. 3~5년 후면 한국에 거의 똑같은 매장이 개장하기 때문이다. 그런 '이세탄' 백화점이 수년에 걸쳐 진행했던 전관 리뉴얼을 2015년 3월에 완료했다.

가장 큰 변화를 준 매장의 첫 번째는 지하 2층, 한 층 전부를 <mark>'뷰티 아포세카리(Beauty Apothecary)' 매장으로 만들었다.</mark>

이곳은 8개의 영역(zone)으로 나누어져 있는데, 모든 존(zone)은 품격 있는 여성으로 탈바꿈할 수 있도록 도움을 주는 제품과 서비스로 꽉 찬 느낌이다.

이곳 매장 점원들의 유니폼은 푸른색을 띤 '약사복'처럼 보이는 제복을 모두 착용하고 있어서 고급 약국의 이미지를 풍긴다. 이를 통해 소비자에게는 좀 더 전문화되고 세련된 인상을 준다.

이 매장은 현재 전 세계 화장품만을 모아 만든 화장품 편집숍이라는 비즈니스 모델보다 앞선 모델이라 할 수 있다. 즉 '비욘드 뷰티'라 할 수 있다. 품격 있는 여성 소비자를 위한 새로운 제안은 상품뿐만 아니라 서비스임을 알 수 있다. 8개 존(zone)으로 세분화시킨 매장은 한국에 많이 보급된 '드럭스토어'의 상위 버전임을 알 수 있다.

무배격

- Meal at home: 내셔널 푸드, 조미료, 미네랄 음료, 와인
- Face: 자연주의 화장품 위주, 세계 30대 브랜드 엄선, 스킨케어, 카운슬링 가능
- Inner Support: 슈퍼푸드, 허브티 등
- BEAUTY APOTHECARY SPA by UKA: 스파용품, 토털뷰티 살롱
- Healing: 아로마 방향제 등 향기 제품, 디퓨져, 캔들
- Body: 머리부터 몸까지 바디케어, 헤어케어, 욕실용품
- HATAKE CAFE&DELI: 제철 야채를 즐기는 카페
- PARK: 마음을 풍요롭게 하는 책과의 만남
- concierge: 뷰티 전문가가 도움을 준다.

〈출처: isetan.mistore.jp, 아포세카리 Floor Map〉

특히 일본의 경우에는 쇼핑의 선두 주자라 할 수 있는 업태인 편의점에서도 품격 있는 쇼핑을 위한 여러 시도가 진행 중에 있다. 그중에서 '로손'의 경우에는 인생 100년 시대를 대비하여 고객의 건강을 증진시키기 위한 조치를 취하고 있는데, 이를 위해 도쿄 한 지점에 간병과 식사, 영양과 관련된 상담 창구를 갖춘 조제 약국을 설치하여 인기리에 운영 중이다. 이곳에는 상담사와 영양관리사가 상주하면서 무료 상담에 응해 준다. 건강한 100세 인생, 품격 있는 제2의 인생을 살아가려는 고객에게 도움을 주기 위해 노력하고 있다. 또한 '패밀리마트'는 주요 고객층이 20~40대인 지점에 신규로 남녀 라이프 스타일에

맞춘 피트니스센터를 2층에 입점시켰다. 1층 편의점 매장에는 저당질 식품과 보충제, 운동복 등 운동과 연관성이 높은 상품을 취급하는 전용 코너를 마련함으로서 고객의 건강과 매장의 수익을 동시에 공략하는 전략을 진행하고 있다.

② 독일, 동네마다 있는 약국 이상의 약국

독일 주요 도시 및 인근 국가에서는 'SCHLOSS APOTHEKE'라는 간판을 자주 만나게 된다. 우리로 치면 '약국'인데, 한국의 약국과 좀 다르다.

이 회사는 1989년에 설립되었는데, 의약품의 제공 이외에 일관된 콘셉트로 화장품 시리즈도 제공한다. 기본적인 약국에서 제공되는 기초 의약품뿐만 아니라 미용, 뷰티, 금연, 임신과 수유, 비타민 및 미네랄, 건강 테스트, 혈압 측정, 혈당 모니터링, 체질량 지수, 요실금 치료 등 집으로부터 멀리 떨어진 병원을 대신하여 다양한 서비스를 제공하는 특징이 있다.

약국 매장 내에는 미국의 비타민 전문 스토어의 개념도 일부 가미된 다양한 죠닝(zoning)의 의약품과 의약외품, 서비스가 구색을 갖추고 있다.

이외에 일반적인 제약 관련 질문이나 안과, 통증, 피부과, 이비인후과, 내과, 소아과, 산부인과 관련 질문은 전문 의사, 약사 및 기타 의료

전문가들로 구성된 팀에 의해 오전 7시부터 밤 10시까지 전화를 통해
친절한 답변을 얻을 수 있다.

〈독일 동네마다 있는 약국 이상의 약국 'SCHLOSS APOTHEKE'〉

독일과 일본은 공통적으로 품격 있는 인간다운 삶을 살고자 하는 21세기형 소비자를 위해 웰빙과 디톡스, 나아가 자연스러운 삶을 살아가도록 도움을 주려는 사회경제 시스템을 제안하고 있다.

도시에 살면서 몸속에, 그리고 마음속에 쌓인 '독소' 같은 스트레스와 현대 도시인들의 감정을 해소해 주는 여러 기능과 역할을 위해 기본에 충실한 서비스를 제공하고 있는 것이다.

다른 나라에서 찾아보기 힘든 서비스를 유독 독일과 일본은 솔선수범하듯 전개하고 있다.

디톡스 라이프 그리고 미니멀 라이프, 어디까지 비워야 할까?

품격 있는 소비를 하기 위해 갖추어야 할 조건 중에 하나로 저자인 내가 제안하고 싶은 소비 행태는 '미니멀 라이프'이다.

세상에는 참으로 갖고 싶고, 먹고 싶은 것들로 넘치고 넘친다. 그리고 우리의 눈과 귀를 자극하는 새로운 것들, 색다른 것들이 계속 우리를 유혹한다.

하지만 이런 모든 유혹이나 욕구를 다 충족시킬 수 있을 것인가 하는 의문이 든다. 당신이 백만장자가 아니라면 현실을 직시하고 품격 있는 소비를 권하고 싶다.

사실 거의 대부분의 대한민국 소비자들은 태어나자마자 사회로부터 그리고 각종 미디어로부터 '무조건 부자'가 되라는 소리를 듣고 자랐을 것이다. 그저 돈 버는 것에만 집중하느라 내 인생의 종착점이나 추구하는 가치를 제대로 생각해 본 경험조차 없다. 사법시험만 패스하여 높은 신분을 가지려 목숨 걸고 공부한 사람들도 있다.

이런 사람들이 중년의 문턱을 넘어 장년으로 들어서게 되면 과연 무엇을 위해 그토록 치열하게 살아왔는지 다시금 뒤를 돌아보는 시간을 가지게 된다. 지금 가지고 있는 부와 명예가 진정한 행복인지 말이다.

　오로지 성장과 물질만능주의만이 삶의 모토였던 행적들이 낳은, 하나밖에 없는 내 삶의 이상한 궤적은 소외와 정서적인 결핍으로 귀결된다.

　하지만 최근 밀레니엄 세대를 중심으로 1인 가구가 늘면서 삶을 심플하게 살려는 사람들이 늘고 있다. 그래서 이들은 효율 있는 삶을 지향하고 있고, 자연과 동화하는 삶을 살기 위해서 기존에 불필요한 물건들을 자신의 삶으로부터 멀어지게 만들고 있다.

　최근 대한민국 서점가에는 미니멀 라이프를 지향하는 사람들을 위한 미니멀 라이프를 살아가는 방법론에 관한 책들이 상당히 많이 출간되었다. 책들이 출간되는 트렌드를 본다면 미니멀 라이프는 선택이 아니라 필수인 세상으로 가고 있음에 틀림없다.

　① '미니멀 라이프'를 간단히 말한다면 모자라지도, 풍족하지 않은 삶이라 할 수 있다. 이는 마치 동양 철학의 '중용(中庸)'의 철학적 개념과 상통한다.

　미니멀 라이프를 지향하는 소비자는 일정 기간마다 기존에 존재하는 내 방, 집, 사무실 공간에 있는 불필요한 물건들을 찾아내서 버린다.

　이때, 버리는 기준은 간단하다. 예를 들어, 책의 경우에는 일정 기간

　　　　　　　　　　　　　　　　　　　　　　　무배격

동안 한 번도 열어 보지 않았다면 1차 쓰레기통의 후보가 된다.

대부분의 집에서 미니멀 라이프를 살기 위해 불필요한 아이템을 솎아 내야 하는데, 이런 아이템으로 대표적인 것으로 책, 신발, 장난감, 옷, 식기류 그리고 TV 홈쇼핑의 유혹으로부터 벗어나지 못해 구입했던 제품군들로 구성될 것이다. 이런 불필요한 제품군을 날을 잡아서 정리하는 것을 습관화한다면 당신의 삶은 생각보다 많이 심플해질 것임이 틀림없다.

미니멀 라이프는 비움의 미덕만을 강조하지는 않는다.

쓸데없는 것을 덜어낸 여백으로 인한 빈 공간과 시간에는 진짜 내가 원하는 것을 채워 넣을 수 있는 기회가 생기게 될 것이다.

② 다이어트의 시작은 '소식(小食)'부터이다.

다이어트는 전문가의 도움을 받아 '적게 먹는 것'부터 시작하라.

어느 순간부터 면역식단에 몸이 적응하면 뇌세포의 활동이 활발해진다.

대부분 명상하는 사람은 적게 먹는다.

밤늦은 시간의 야식은 절대 피해야 할 행동이다.

활발한 정신적인 활동을 하려면 뱃속의 활동 등 육체적인 활동을 줄여야 한다. 그리고 인간이 느끼는 포만감은 일시적인 만족이라는 점을 기억하라.

또 다른 포만감을 주기 위해서는 또 다른 포식을 통해야만 만족이 이어지기 때문이다.

공복에서 행복을 느껴보자.

당신의 정신 작용이 활발해지면서 편안하다는 생각이 들것이다.

이제부터 영양 과잉으로부터 탈출하라.

③ 내 몸 안에 있는 나쁜 유해 성분을 없애는 '디톡스(Detox)'도 중요하다.

몇 년 전 식품업계에 센세이션을 불러 일으켰던 '해독주스'도 내 건강을 위한 유해성분을 없애는 역할을 한다고 다이어트 시장에 파란을 일으킨 바 있다.

해외 유명도시에서 새롭게 선보이는 유통 카테고리 중의 하나가 바로 '디톡스'라는 것이 우연이 아니라는 점을 강조하고 싶다. 내 몸 안에 쌓인 노폐물과 독성물질을 없애는 과정이 꼭 필요하다.

요즘 미국인들은 그냥 다이어트를 하지 않고 '독소 제거'와 '에너지 강화'를 한다. 그래서 새로운 삶의 해법을 찾기 위해 너도나도 요가도 하고, 명상도 한다. 요가를 수련하는 미국인이 2008년부터 2016년 사이에 2배로 늘었다.

④ 여기에 한 가지 더 부탁한다면, '관계 디톡스'이다.

예전 처세술이나 자기관리 책들을 보면 인간관계가 많을수록 부유한 삶을 산다고 강요했던 시절이 있었다. 하지만 이제부터는 필요 없는 관계의 사람부터 정리하는 삶을 지향해야 할 것이다. 내 휴대폰에 몇 명의 지인이 있다고 자랑하는 양적 인간관계에서 빨리 벗어나야 한다는 의미다.

⑤ 주기적으로 뱃살을 빼는 운동을 열심히 해야 한다.

영양 공급 과잉의 현대 도시 소비자들에게 가장 필요한 것은 신체 여러 부분에 축적된 지방을 없애는 방법일 것이다. 선진국 밀레니얼 세대가 공통적으로 운동을 주기적으로 하면서 자신의 몸매를 매력적으로 만들어 가는 과정을 인스타그램에 자랑하듯, 부러워만 말고 지금 당장 주기적인 운동을 습관화해야 한다. 오래 사는 것보다 더 중요한 것은 건강하게 오늘을 사는 것이다.

⑥ 한국의 거의 모든 가정에는 대형 냉장고가 부엌을 차지하고 있다.

대형 냉장고와 김치냉장고가 자리매김을 하는 주방이 대부분이다. 최근에는 유명 셰프들이 이용하는 아주 큰 4개의 문이 있는 포도어 (four door) 디지털 냉장고를 TV 광고에 쓰고 있다.

식재료 특성과 보관법을 정확히 안다면 가정용 냉장고가 이처럼 클 필요가 있을까 싶다. 집 안에서 유일하게 24시간 전력을 잡아먹는 전기 먹는 하마, 냉장고를 다이어트하는 '작은 냉장고'와 '미니멀 키친'을 제안하고 싶다. 보관 공간이 작은 '작은 냉장고'로 소량의 식재료를 구입하여, 빠르게 소비하는 '버려지는 음식이 적은 주방'으로 바꿔보자.

더 많은 것을 가진 사람이 행복하다는 가설이 이제는 깨져야 한다.

이제부터 많은 것을 가진 사람이 얼마나 불행한지 그리고 덜어내고 비워야 진정한 행복한 삶을 영위할 수 있다는 진리를 보여 주고 싶다.

소유 VS 공유

워낙 못살던 대한민국 대부분의 국민들, 어떻게 하든 내 집만큼은 가져야 한다는 인생의 목표를 향해 무던히 땀 흘리던 시절이 있었다. 최근에는 집을 재테크의 수단으로 여기는 부동산 졸부들로 인해 더욱 더 빈익빈 부익부 현상이 심화되고 있다.

일찍이 '에리히 프롬'은 자기 소유에 집착하는 '소유적 인간'과 살아 있는 존재 가치를 느끼는 '존재적 인간'에 대해 말했다.

현재 가진 것을 잃고 싶지 않았고 지금 가진 것보다 더 많이 얻으려 고 하는 인간의 본성을 정의했던 시절에 반기를 드는 새로운 현상이 바로 '향유'이다. 소유에서 오는 즐거움보다는 사용에 따른 즐거움과 쾌락을 즐기는 '향유족'이 늘어가고 있다.

영원히 존재할 수 없는 인간이란 존재에게 소유할 수 있는 대상 자 체도 영원하지 못하기 때문에 인간에게 잠시나마 행복을 가져다주는 것이라고 주장하는 렌털지상주의자들이 늘고 있다.

그래서 그런지 한국 내에 렌털(대여) 시장이 양적, 질적으로 점점 시장이 커지고 있다. 평생 30분도 사용하지 않는 전동 드릴을 집집마다 보유했던 과잉소비시대가 저물어 가고 있다. KT경제연구소에 의하면 국내 렌털 시장의 규모는 2020년이 되면 약 40조 원의 시장 규모로 커질 것이라 했다. 렌털 시장 초창기에는 정수기, 비데 등에 머물던 렌털 품목도 최근에는 침대 매트리스, 안마의자, PC, 노트북, 전자레인지, 자동차, 산업장비, 통신계측 등으로 다양화되고 있다.

이렇듯 렌털 시장이 커지는 이유는 간단하다.

전 세계 금융대란 이후의 지속적인 불경기, 고공 행진하는 유가, 점점 떨어지는 돈의 가치 등으로 인해 소비자에게 들려오는 가계경제 관련 희소식은 하나도 없고, 불안한 뉴스만 가득하다. 그래서 한정된 주머니 경제를 극복하기 위한 대안이 렌털(대여) 비즈니스의 발전을 가져오게 되었다.

또한 IT업계를 중심으로 신제품 출시 주기가 빨라지고, 1·2인 가구가 전체 가구 수의 50%를 넘어서는 사회현상 등으로 인해 제품을 구매하기보다 렌털하여 쓰려는 수요가 점점 늘어나고 있다.

세상의 렌털 서비스는 점점 발달해 가고 있는데, 자세히 보면 이 모든 서비스는 '협력적 소비'라는 카테고리 안에서 움직인다.

'협력적 소비'가 크게 늘어난 이유는 그 과정이 전보다 훨씬 편리해졌기 때문이다. 예를 들어, 예전에는 다른 사람에게 제품을 팔거나 교환하는 일이 번거로웠다. 하지만 인터넷과 위치 기반의 스마트폰이

광범위하게 보급되면서 내게 남는 잉여 상품과 상대방이 필요로 하는 상품 정보가 실시간으로 교환 가능한 세상이 되었다. 일명 '착한 소비'가 가능해진 셈이다.

이와 같이 '공용' 개념의 상품이나 서비스를 개발한다면 시민들에게도 좋고, 비즈니스 주관하는 회사는 돈도 벌고, 칭찬도 받아 좋은 원-윈 비즈니스가 될 것임이 틀림없다.

전 세계 어디서나 '소유' 대신 '공유' 개념으로 중무장한 소비자들은 필요한 만큼만 소액을 지불하고 사용하는 1회성 소비가 편안하다.

이처럼 1회성 소비를 주도하는 1인 가구는 기존 생활가전의 렌털에서 더 나아가 본인의 취미로 즐기는 레저·스포츠 용품이나 여행용품 등을 주로 구매한다. 제품 수리나 유지 보수에 대해 신경을 쓰지 않아도 되는 점은 렌털의 매력이라 할 수 있다. 그래서 이 시장의 성장성을 간파한 대형 유통업체들도 속속 렌털 시장에 뛰어들고 있다.

자, 이제부터 여러분도 자신만의 미니멀 라이프의 기준을 만들어 실천해 보라. 수납을 위한 수납장까지도 필요 없는 정말 다이어트된 삶을 살아갈 수 있으리라 본다.

지금까지 눈에 보이는 집안의 제품군에 집중해서 비웠다면 이제부터 인간관계도 심플하게 만들어 보자.

아는 사람은 많은데 정작 절친을 찾기 어렵다면, 지금까지의 불필요한 SNS의 친구부터 정리하고, 오프라인에서 알게 된 사람들도 자신의 인생관과 동조하는지 조용히 점검하기 바란다.

물건이며 인간관계 등 모든 것이 넘쳐 나는 혼잡한 과잉의 시대에서 벗어나고 싶다면 과감하게 정리해 보자.

앞으로 공유경제로 점점 다가가는 글로벌 경제의 트렌드를 본다면 소유의 의미를 다시 해석하는 삶을 살아야 할 것이다.

나는 지난 30여 년간 선진국 위주로 세계 여행을 꾸준히 하면서 느낀 바가 있다.

선진국에서 먼저 진행되는 새로운 유통 트렌드와 소비 트렌드 나아가 기술과 접목된 새로운 사회조차 모든 것이 '인간' 중심, '사용자' 중심이라는 점이다.

무한경쟁시대이지만 그 속에서 사람의 존재를 잊은 적이 없는 선진국의 '인본사상(人本思想)'은 존경스럽기까지 하다.

그리고 선진국은 옛것과 새 것을 조화롭게 한곳에 존재토록 도시를 만든다. 오래된 것이라고 없애는 것이 아니라 옛것을 통해 미래의 새 것을 알게 만드는 온고지신(溫故知新)을 생활화하고 있다.

감사의 글

이 책은 지금까지 몇 번의 세계일주(선진국 위주)를 하면서 보고, 느끼고, 현장에서 담당자에게 질문을 통해 알게 된 사실을 근거로 저술한 현장 중심의 미래 쇼핑 보고서이다. 1989년부터 지금까지 참 많은 나라와 도시를 걷고 또 걸어서 알게 된 내용을 정리 정돈하여 최종적으로 이 세상에 빛을 보게 되었다.

항상 시선은 대한민국에 머물지 않고 전 세계 그리고 앞으로 다가올 미래를 향하려고 노력한 결과물이라 스스로에게 칭찬해 주고 싶은 책이다. 개인 사업을 시작한 1998년부터 술, 담배를 멀리하고 건강한 신체를 만들려고 노력했고, 건전한 정신을 유지하려고 매일 아침 명상의 시간을 갖고, 수영과 헬스를 통한 신체 훈련을 병행함으로서 세속에서 벗어난 정화된 콘텐츠를 독자분들에게 전달하려 계속 노력해 온 필자 자신에게 감사를 하고 싶다.

필자가 유통업계에 발을 들인 1984년부터 지금까지 여러 번의 세계여행을 나설 수 있도록 환경을 마련해 주신 분을 소개해 드리고 싶다. 몇 년 전에 돌아가신 내 인생의 멘토였던 아버님 김광조 님과 어머님 김명주 님께 이 책의 모든 영광을 돌리고 싶다. 사실 아버님으로부터 물려받은 것이 너무 많다. 생전에 말씀이 아닌 행동으로 모든 것을 가르쳐 주신 분이다. 세상을 남과 함께 살아가도록 세상 보는 눈과 더불어 살아가는 법을 가르쳐 주셨다. 자라면서 거의 모든 의사결정을 필자에게 맡겨서 책임과 권리를 스스로 깨치도록 만드셨다. 그리고 이 책의 완성도를 높이기 위해 출간에 도움을 주신 '좋은땅'의 편집팀분들, 그리고 사무실 임병운 님께 깊은 감사를 보내드리고 싶다. 양질의 책 한 권이 나올 때까지 많은 분들의 도움이 필요하다는 사실도 또 한번 절실히 느껴본다.

이 책을 세상에 내놓을 때까지 주변에서 항상 격려와 칭찬을 아끼지 않은 언론인들이 계셔서 더 나은 콘텐츠를 만들기 위해 노력을 하지 않았나 싶다. 더스쿠프 이윤찬 편집장님, 서울경제신문 정상범 논설위원님, 세계일보 오홍근 국장님, 스포츠월드 류근원 부장님, 주간동아 윤융근 기자님, 물류신문 손정우 국장님, SBS 최우성 부장님, 로봇신문 조규남 대표님께 깊이 감사드린다. 마지막으로 이 책의 집필과정에서 가장 큰 격려와 사랑을 보내준 아내와 내가 살아가는 진정한 의미와 에너지를 항상 주고 있는 유진, 준상에게 감사를 보낸다. 앞으로도 이 세상에서 가장 멋진 남편이자 아빠로 자리매김하려고 오늘도 도전하고 또 도전한다.

Newspapers/Magazine

'소유' 따돌린 공유 '소비권력' 잡나	더 스쿠프	14.05.05
3大 큰손, 미래 소비시장 '주물럭'	더 스쿠프	14.07.21
꺾일 대로 꺾여도 HMR만은 뜬다	더 스쿠프	16.12.26
유통산업 휘감은 AI의 충격과 공포	더 스쿠프	17.01.09
AI와 연결고리, 소리가 곧 4차 혁명	더 스쿠프	17.04.10
요리강좌 지고 집 꾸미기 떴다 문화센터 대세는 '홈 인테리어'	매일경제	17.04.29
"그 옷 어디서 빌렸나요?"	더 스쿠프	17.05.01
예술 담은 쇼핑몰, 'H 쇼핑 1번지' 부활 알리다	조선일보	17.05.18
美 유통공룡 월마트 '퇴근배송제' 승부수	매일경제	17.06.03
문 닫는 백화점, 명품의류점 … 문 여는 체험형 매장	중앙일보	17.06.05
자기 진 온라인 주문, 출근 전에 반찬이 오네요	중앙일보	17.06.09
CJ대한통운, 가정간편식 새벽 배송	중앙일보	17.06.12
유통시장 행보, 아마존은 'OFF' 월마트는 'ON'	중앙일보	17.06.19
홀푸드 인수 아마존 vs 온라인 강화 월마트 … 유통 천하통일 노린다	조선일보	17.06.21
'ㅁ집 단장' 35兆 시장 잡아라 … 홈퍼니싱 大戰	조선일보	17.06.23
'큐비서' 나보다 나를 더 잘 아는군요	중앙일보	17.06.27
30兆 홈 인테리어 시장 … 건자재 업계도 '파이' 키운다	조선일보	17.06.27
택배 인력 모자란 일본 … 공동배송, 첨단배송에 사활 걸었다	조선일보	17.06.28
"재배달 줄이자" … H, 소비자가 직접 찾아가는 배송도 늘려	조선일보	17.06.28
싱글男의 거실, 감성 소품이 그의 가슴을 채운다	조선일보	17.06.29
미니멀 키친 냉장고 줄이니, 밥상이 더 신선해졌다	조선일보	17.07.07
아마존 창고, AI 로봇이 초당 50건씩 배송 처리	조선일보	17.07.24
아침 먹거리를 현관 앞까지 … 새벽 배달 전쟁	조선일보	17.07.25

무배격

무배격

Deep Dive: Athleisure Update—a Market in Transition, Coresight Research, Aug. 13, 2018

The Future of Shopping, Darrell K. Rigby, FROM Harvard Business Review, THE DECEMBER 2011 ISSUE

Thinking inside the subscription box: New research on e-commerce consumers, Mckinsey Insights, Feb 2018

The Future of Physical Stores, Coresight Research

e-나라지표, 통계청

KOTRA&KOTRA 해외시장뉴스

마이크로 트렌드X, 마크 펜 저, 더퀘스트, 2018

플랫폼의 미래, 서브스크립션, 앤 잰저 저, 예문, 2018

2018 대한민국 트렌드, 최인수 외, 한국경제신문, 2017

김영호의 유통혁명, 김영호 저, 빨간코끼리, 2017

장사의 99%는 트렌드다, 김영호 저, 팬덤북스, 2014

세계의 도시에서 장사를 배우다, 김영호 저, 부키, 2014

머니 트렌드 인 도쿄, 김영호 저, 이담북스, 2012

유통만 알아도 돈이 보인다, 김영호 저, 다산북스, 2009

Coresight.com

Mintel.com

Shareable.net

trendwatching.com

athleta.com

theschoollife.com

tripadvisor.com

condemailings.com

Stores Weekly

Vogue.com

Coursera.org

runtastic.com

RedersDigest.com

Mckinsey.com

Mckinsey Insights

news.condnast.com

lonelyplanet.com

kimncommerce.com

md114.com

네이버 지식백과(terms.naver.com)

두산백과

디자인DB

트렌드인사이트

무배격

—— 쇼핑의 미래 ——

ⓒ 김영호, 2018

초판 1쇄 발행 2018년 11월 28일

지은이   김영호
펴낸이   우명희
발행처   도서출판 빨간코끼리
주소   경기도 고양시 덕양구 화정로 27
전화   031-969-8532
팩스   031-969-8531
블로그   blog.naver.com/red-elephant
출판신고   2016년 10월14일 제 2016-000202호
이메일   red-elephant@naver.com

ISBN 979-11-959983-3-3 (13320)

이 도서의 국립중앙도서관 출판시도서목록(CIP)은 서지정보유통지원시스템 홈페이지(http://seoji.nl.go.kr)와 국가자료공동목록시스템 (http://www.nl.go.kr/kolisnet)에서 이용하실 수 있습니다. (CIP제어번호 : CIP2018034267)